# 花の本

新井光史

2頁:
見れば見るほど不思議なフォルムが私を虜にするパフィオペディルム。稚拙な言葉で言い表すならば「きも可愛い奴」。唇弁《しんべん》の歪《いびつ》さに対して花弁のストライプは優美で魅力的。

3頁:
満開になったシャクヤクは、妖艶な雰囲気を遠慮なく醸し出す主演女優のような品格を持つ。たった一輪で周りの空気を圧倒する力があり、咲ききった後は花びらが一気に散る様も見事で潔く、私好みの花。

4頁:
へそ曲がりの私はアネモネの真正面よりも後ろ姿に惹かれる。着物の襟足から垣間見えるきれいなうなじのよう。目を凝らすと産毛がチラホラ生えている。

5頁:
見得を切った貌《かお》ではない、視線を避けるような「ツンデレ」で男前なダリア。フィボナッチ数列の配置を超越した、人工的でかっこいいクールな花。

6頁:
私にとってアジサイの旬は梅雨時ではなく、秋になって末枯《うらが》れかけた色合いになった頃。一つとして同じものがない変化に富んだ色は何とも表現できない花。どんな色でも合わせやすく、迷った時に登場する名脇役。

7頁:
よく見ると花弁に浮き出た模様はまるで血管のよう。それはアマリリスの生きている証。蕾からは想像し難い開花後の花姿は、サナギが羽化して美しい蝶へとなった様に似ている。

# はじめに

今でも時々思い出すのは、子どもの頃、母の日にカーネーションを買いに行ったものの、花屋に入るのが恥ずかしくて店の前でモジモジしていたこと。当時の私は樹木や草などが多い自然の中でよく遊んでいましたが、なぜか「花」に関しては触りたいけれど触れない憧れのような存在でした。その頃、「男は男らしく、女は女らしく」といった世の中の雰囲気があり、花は女性が触るものという時流だったように思います。私の心の中では花を活けてみたかったけれど、周囲の目を気にして一歩を踏み出すことができなかったと記憶しています。

時を経て、今では四六時中花のことを考えて毎日を過ごしています。四季に合わせてラグジュアリーホテルのロビーを花で飾ったり、ウェディングパーティーを装飾したり、また、ワークショップなどの講師をしたりと四十年近くこの仕事を続けています。花の魅力を最大限引き出して作り上げた「物」や「事」をお客様に提供し、想定されている以上の感動を生み出すことが私の職業であり使命なので、花のことを考えるのは当たり前といえばそれまでです。しかし、以前の私はそうではありませんでした。働き始めて十年くらい経った頃、業務管理、営業、マネージメントなどの仕事が中心になり週に一度も花を活けられず、私は心身ともに疲れ切っていました。そんなある日、たまたま商品価値がなくなった満開に咲き誇るバラを持ち帰り、その花を自宅に飾ってみると気持ちが信じられないほどウキウキしたのです（当時は意識的に仕事とプライベートを分けていたので家には花が全くありませんでした）。意外だったのは、私以上に家族も喜んでくれたことです。家の中が明るくなり、私も前向きになりました。それ以来今日に至るまで、仕事が休みの時でも夢の中でも花を思っています。今の私は「花中毒」かもしれません。

花は遠い昔から、慶弔《けいちょう》の時や言葉で伝えきれない思いを託す時など、人の一生に起こる出来事に欠かせない存在でした。しかし、私個人としては、花は特別ではなく、単調に過ぎゆく日々の間、五感に刺激を与えてくれる存在であってほしいと思います。例えば、蒸し暑いジメジメした梅雨時であれば早く過ぎ去ることを願うのではなく、アジサイを透き通ったガラスの花器にさりげなく一本活けてその季節を前向きに愉しむこと。晩秋の頃は美しい彩を残して落葉した数枚を無造作にテーブルに散らしてみること。上手く飾ろうとか気合を入れて花を活けようとせず、肩の力を抜いて自然体で、日常に花が当たり前にあってほしいと思います。昨今の目まぐるしく過ぎていく時を一瞬止めて、忘れかけていた季節を感じましょう。また、花活けは人を思うことでもあります。私の母は白い花が好きでいつも窓辺に飾っていたので、白い花を活けた時はその花が枯れるまでの姿を見て、母の人生に時々思いを寄せています。

本書は、初めて花を購入するポイントからフラワーデザインのノウハウまで、少しでも参考になるよう幅広く網羅した内容になっております。なぜその花色を選んだのか？　なぜその茎の線を選んだのか？　なぜその葉の形を選んだのか？　今までの経験をもとに花の素晴らしさを多くの人に知っていただくため、私が花の仕事で気がついたことや普段創作する時に感じていることなど、恥を忍んで自分なりに深堀して考えをまとめました。花に関わりがある方も全くご縁がなかった方も、この素晴らしい「花」という存在の持つ魅力をより深く堪能していただくことができれば幸いです。

もくじ

## 三章　花の魅せ方



## 四章　花にまつわる話

一章

# 花を手に入れる

花を飾るには庭などで花を摘むか、花屋で花を買うことが必要です。
時代は豊かになり、個性的な花屋が増えました。まずは花屋へ入ってみましょう。
そして、気になった一本の花を買ってみてください。花を買う行為で日常に劇的な変化はないけれど、
幸せの一端が手に入ることは保証します。

# お気に入りの花屋を見つける

花屋で花を買う目的は十人十色です。記念日などに贈る花やお供えの花はオーダーするけれど、季節を感じたり来客をもてなしたりするための自宅用の花は買わない人もいれば、反対に、生活を豊かにするための自宅に飾る花は買うけれど、枯れてしまう花をプレゼントとしては買わない人もいます。花の用途によって多少の違いはありますが、どんな時でも相性が良い花屋はあるはずです。

一昔前の花屋は、数百円ほどの神棚に飾る榊《さかき》から数万円するお祝いに贈る豪華な胡蝶蘭の鉢まで、百貨店のようにさまざまなリクエストに対応できる品揃えでした。しかし、最近のトレンドは草花のような自然の素材が好まれる傾向にあります。限られた空間に異なったイメージを揃えるのは難しいため、花の品揃えからプライス表に至るまで細部にも強い思い入れを持つ個性的なこだわりのある花屋が多くなってきました。

お気に入りの花屋を見つけるためには、直感に従いあまり深く考えずに、店頭の第一印象を大切にしてください。それは花屋の店名だったり、看板の色やデザインだったり……。興味が湧いたら迷わず店に入ってみましょう。

花屋に入ったことがない人にとってこの第一歩のハードルが想像以上に高いと聞きますが、花を眺めるだけだったら無料なので遠慮はいりません。もしスタッフに「何かご入用ですか?」と聞かれた場合は、「お花が好きなので見ているだけです」と答えれば、笑顔で「ごゆっくりご覧ください」などといってくれるはずです。万が一嫌な顔をされたなら、その店はお気に入りリストから外せば良いと思います。

まずは花屋という特別な空間に慣れることが大切です。そこが異空間でなくなることによって目が肥えてきます。では、具体的に何を基準にすればお気に入りの花屋になるかを考えてみましょう。まず、慶弔の花や法人へ贈る花を依頼する場合、会社組織で運営しているチェーン展開の花屋は経験が豊富なのでお勧めです。このタイプの店は大胆な個性は出しにくい傾向にありますが、困った時には頼りになるので、お気に入りの花屋の一つに入れておくと重宝します。近くにそのような花屋がない場合は、代々続いている老舗の花屋も失敗が少ないと思います。

それ以外には、オーナーが素材の仕入れから花のデザイン、制作までおこなう個人経営の花屋があります。数あるそれらの店からお気に入りを選ぶにあたって最優先するのは、「花の品揃えの特徴」と「花を使う用途」です。具体的にいうと、自宅に飾る花を購入するのであれば、部屋のインテリアに合ったイメージの花を多く扱っている店がお勧めです。例えば、モノトーンを基調としたシンプルでモダンな部屋にスタイリッシュな家具をコーディネートしているならば、プロテア、カラー、アンスリューム、ストレリチア、ヘリコニアなど花の形が明確で輪郭がハッキリとしているトロピカル系の花や、モンステラ、ドラセナ、トクサ、ドウダンツツジなどの枝物、葉物が充実している花屋を選ぶと良いでしょう。また、花束やアレンジメントのギフトをオーダーする場合は、バラなどの華やかな素材を多種類扱っている花屋がお勧めです。

選ぶ基準を花以外で考えた場合、店内ディスプレイで使っている什器や花を飾っている花器のセンスを見るのも一つの方法です。これらのデザインテイストが自分の好みに合っていたら、ほぼ間違いなくお気に入りの店になると思います。

さらに、ユニホーム着用でない店であれば、スタッフの服装のセンスも参考にしてみてはいかがでしょうか。ホームページ、SNSで発信している商品デザインやテキスト内容なども重要なポイントです。意外なところでは店内のBGMも参考にしてみてはいかがでしょう。クラシック、ロック、ポップス、歌謡曲、自分好みのヒントがあるかもしれません。

お気に入りの花屋を見つけるのに近道はなく、ここぞと思ったいくつかの花屋で花を買ってみることをお勧めします。その花の中にすべてが凝縮されているはずです。

# 良い花屋の条件

私が若かりし頃に在籍していたのは、一年先の母の日のアレンジメントや、梅雨入りしたばかりの蒸し暑い六月にクリスマスリースやツリーのことを考える商品開発の部署。そのデザイン研究のために同業他社の店舗リサーチが日課でした。

リサーチをする時はお客様になったつもりで店内へ入っていきます。何度もおこなっていると直感が磨かれてくるのか、店に入った瞬間に良し悪しがわかるようになりました。分析すると色々な項目ごとに店舗の評価基準があるのですが、そんなものはなくても、素敵な店にはそこに流れている「気」が違っているのです。ちょっと抽象的すぎるので、私なりの物差しで測った場合にどんなところがポイントなのかをお伝えしたいと思います。

**・ファサード（店の入り口）付近の手入れがいき届いている**

枯れた花がそのまま残っている鉢や、花首が垂れた作り置きの花束などを置いていない。こんなことはできていて当然ですが、よく見ると枯れて萎れている花や葉がそのままになっている花屋もあるのでチェックしましょう。

**・入った瞬間に店内がひんやりしている**

これは切り花が美しい状態を維持するために必要なことです。以前は大きな冷蔵ショーケースがある花屋が主流でしたが、最近はこれがない花屋

素敵な花屋は花の陳列が大きな「作品」に仕上がっている。

が多く、その場合は特に、ひんやりとしつつも乾燥していない店内が花にとっては最適です。

**・葉物、枝物など花以外の変わった副素材の品揃えが充実している**

通常花の品揃えに目がいきがちですが、同じ花でも合わせる葉物、枝物によって全く印象が変わるので重要です。

珍しい葉物や枝物を扱っているということは、それを使いこなせる技量があるということでしょう。

**・花の品揃えを二色相から三色相くらいの色味で抑えている**

万人に好かれようとすると花の品揃えは赤、黄、緑、青、紫、白など虹色のバリエーションになってしまいます。しかし、その時の一番お勧めの色合いを考えていればそうはなりません。どんな花の組み合わせが旬なのかを常に考えている店かどうかが判断できます。

**・花の切り口がぬめっていない**

花器の中の花を実際に手で取れるのであれば、花の切り口が鋭角にカットされていて、茎を触ってみた時にぬめり気がなければ評価は高いです。

**・知識が豊富なスタッフがいる**

店頭に陳列されている花が一般的なバラであっても、品種名や特徴を説明してくれるスタッフがいると安心です。

**・ラッピングにこだわりがある**

何色も、そして何種類も包装紙を揃えているということではなく、花が一番美しく見えるような包装を心がけている店。また、なぜこの包装なのかポリシーを持っていると高評価です。

**・今日のお勧めの花を聞かれて即答できる**

もちろん求める花は使う用途によって変わりますが、今一番お客様に買っていただきたい花を店側が意識しているかどうかがわかります。

**・清潔感がある店内**

花屋の仕事は葉や切りくずが絶えず出る環境です。少なくともお客様が店内に入ってきた時に床がゴミだらけなのは論外。ゴミを片づけながら作業をしている花屋は信頼できます。

**・笑顔で花が大好きなオーラを出しているスタッフがいる**

どんな職種でも自分たちの商品を愛しているスタッフがいる店は、話をしても気持ちが良いものです。

以上のポイントを踏まえて、何かの記念日にプレゼントとして千円の花束を頼んでみることをお勧めします。

出来上がった花束がこだわりを持った素敵なものに仕上がっていれば、一生つき合っていける花屋になると思います。

# 花の選び方

花は進化の過程で多種多様な個性を育んできました。生存のために変化した姿かたちは驚くほど魅力的です。花を選ぶ時の基準は多くありますが、「季節」「香り」「色」で選んでみてはいかがでしょう。

色々な要素を考えて花を選ぶことは人生を豊かにします。そして、大切なのは花を素直に楽しむことです。花選びに完璧なセオリーはないと思いますが、知っていると良いポイントをご紹介します。

## 季節で選ぶ

一番簡単なポイントは、その季節をイメージする花を選ぶことです。春にはチューリップ、スイトピー、ヒヤシンス、夏はアジサイ、ヒマワリ、アンスリューム、秋はリンドウ、コスモス、ケイトウ、冬は水仙、椿、梅などでしょうか。

ただし、切り花の場合、多くの品種は本来その花の旬よりも少しだけ前に花屋の店頭に並ぶ傾向にあります。道端で咲いてくると希少価値がなくなったり、花の需要に合わせて出荷時期を調整したりすることが主な理由です。例えば、桜は四月のイメージが一般的ですが、啓翁《けいおう》桜という品種は年が明けてすぐに入手できます。また、チューリップなども春の花の代名詞ですが、最も種類が豊富で品質も良い時期は二月中旬頃です。季節で花を選ぶ場合は、その季節より少しだけ早く花屋を覗いてみてください。冬であれば、花屋に行くと一足先に春を感じることができるので、厳しい寒さを忘れられる気がするでしょう。

チューリップや菜の花など露地栽培で出荷されることが多い花は、気温が高くなるにしたがって、葉に締まりがなくなったり茎が必要以上に伸びてだらしなくなっていたりする場合があるので、花の状態同様に葉、茎をよく見て購入することをお勧めします。

花で季節を少し先取りすれば生活にアクセントを出すことができるので、上手く活用してみてください。

## 香りで選ぶ

香りは花にとって大きな魅力です。花屋に入ると店内はさまざまな香りが混ざっているので、自分が選んだ花の香りを感じたい場合は、その花だけに顔を近づけ、目を閉じて嗅覚に意識を集中することがポイントです。

花の香りを大まかに分けると、ブドウやマンゴーを思わせる甘酸っぱい香り、胡椒やシナモンなどスパイス系の香り、バニラや桜餅を思わせる甘く粉っぽい香り、レモンなど柑橘系の香りなどがあり、千差万別です。

ちなみに、バラの香りだけでも大きく分けて七種類もあります。そのバラの香りの効用は、鎮静作用に加え、体の免疫力の向上、美肌効果があるといわれており、その他には、スズランの香りは身体の疲れを取り、ジャスミンの香りは鎮痛作用などがあるといわれています。

飾る場所ごとに考えた場合、リビングにはリラックスできるスイトピー、ライラック、チューベローズなどがお勧めです。ベットルームにはラベンダーやヒヤシンスを置くことで質の高い睡眠が期待できるといわれています。ただし、密閉された空間には強い香りの花は避けたほうが無難でしょう。

私はバラの中でフェアビアンカの香りが大好きです。このバラはミルラ香といわれ、スパイスのアニスを感じさせる、甘くほろ苦い大人の香りです。もやもやした気分を変えたい時に嗅ぐと心身がスッキリするので、リビングへ飾ったりします。

特別な日は、お気に入りの花の香りで部屋を満たしてみてはいかがでしょうか。

## 色で選ぶ

花の色は複雑で多種多様なので、単純に赤、青、黄と判断することが難しいものです。また、同じ花でも朝の光の時と日が暮れた夕方時では多少色味が違って見えますし、室内では蛍光灯や白熱灯など光源の色温度によっても印象がずいぶんと変わってきます。

花屋の店内で花を選ぶ場合は、照明で色がわかりづらいこともあります。そんな時は、飾る場所の光源にできるだけ近い場所の下で選ぶことをお勧めします。

花屋で花の色を見る場合も香りと一緒で、第一印象で心惹かれた花を一輪選んだら、その周りには極力何もない状態で色を見極めると良いでしょう。例えば、模様がない無彩色の壁などを背景にしてみるとその花の色がよくわかります。ただし、この選び方は一種類の花の場合。これが複数の花を組み合わせる場合は少し違います。

わかりやすいのは、まずメインになる花色を選び、そして、その色に合わせて他の花を組み合わせていく選び方です。一番簡単なのは同系色でまとめる方法。例えば、赤いアマリリスを選んだら、赤に無彩色の白を混ぜてできる色、つまり、ピンク系の花は相性が良いです。もう一種類を考える場合は、先ほど選んだピンクよりも薄いピンクか濃いピンクを選ぶと、三つの花で美しいグラデーションができます。この方法は花を合わせる王道なので失敗がありません。

王道の組み合わせに慣れてきたら、先ほど選んだ三色目を赤とピンクとは違う色を選んでみましょう。三色の内一色に、カラーサークル（24頁参照）の中心を通って反対側にある色の青、明るい緑などを入れるとアクセントになります。さらに強烈な色合わせをしたい場合は、カラーサークルの外側に位置する彩度の高い色同士を組み合わせると良いでしょう。

単色の花同士を組み合わせる場合は大体この方法で事足りますが、花色の

[カラーサークルの一例]
円の中心から外周へ引いた直線上(半径)の色で配色するとまとめやすい。また、中心を挟んだ反対の色同士はお互いを引き立てる色合わせ。

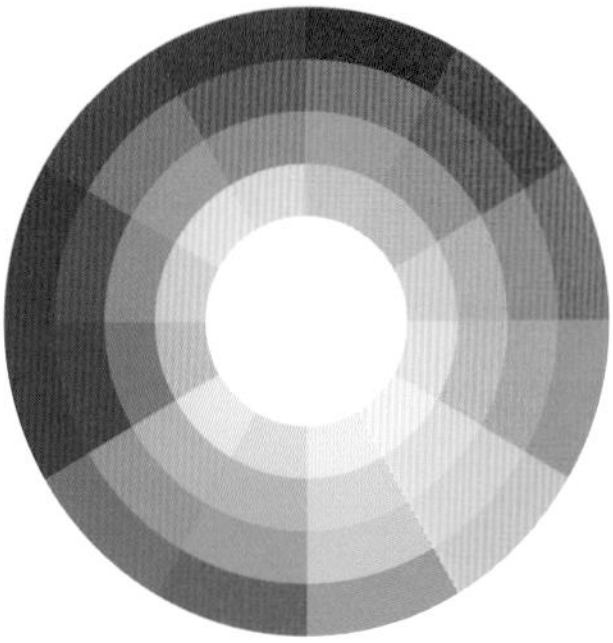

組み合わせは複雑です。一つの花弁に赤、白、紫など複数の色味を持っている花が多く存在します。その複色の花と他の花を合わせる場合は、複色を分解してそれぞれ単色にして、その単色と同じ色の花を選んで組み合わせると一体感が出ます。

具体的には、一つの青い花弁に黄色いストライプが入った複色のアイリスを他の花と組み合わせる場合、黄色い単色のガーベラや青い単色のデルフィニュームなどを合わせると調和が取れます。また、花弁の輪郭に微かに色づいた赤などの原色も見落とさず注視して、単色の赤い花と合わせると良いでしょう。

花の色は、無機質な工業製品の色とは違う「生命の色」。生まれてから枯れ朽ちるまで日々変化します。

間違いなくいえるのは、色は花にとって大きな魅力である要素だということです。

# 葉物の選び方

花には葉がつきもの。ほとんどの花が緑色の葉を持ちますが、形状は百人百様な個性派揃いです。葉物の役割を俳優に例えれば、助演俳優に当たる場合が多いでしょう。ただし、映画もお芝居も助演の演技次第で名作と駄作に分かれるように、作品の評価は葉物の使い方にかかっています。

## 色で選ぶ

ほとんどのフラワーデザインでは、花がメイン素材なので葉物を目立たせないことが多いでしょう。しかし、色で葉物を選ぶ時には、花の色を選ぶ時と同じくらい大切に考えるべきです。

葉物を色で選ぶ時の一番簡単でまとめやすい方法は、花についている葉と同系色のものを選ぶこと。例えば、艶っぽい単調な緑の葉を持つバラに合わせる場合、レモンリーフやルスカスなどは葉の色目も形もよく似ているので、花の主張を妨げずにぴったりです。葉物の色で全体的に明るく仕上げたい場合は、白い斑が入ったものやライトグリーンの葉物を混ぜると印象が軽くなります。斑入りのアイビーやローズゼラニューム、ミスカンサス、ヘリクリサムグリーン、利休草などがお勧めです。反対に重厚なイメージに仕上げるには、深い緑色を選ぶと良いでしょう。ドラセナ、葉蘭、椿の葉、モンステラ、アンスリュームの葉など数え切れないほど種類は豊富です。

緑以外の葉色でお勧めなのはグレイ系の葉。ユーカリの仲間やダスティーミラーなどのマットなグレイッシュ色は、大人っぽく仕上げたい時に重宝する葉物です。ユーカリは香りも良く長持ちしますし、ドライフラワーにして色の変化を愉しむこともできる優れもの。また、白いカサブランカや黒蝶と呼ばれるダリアなどモノトーンの花との相性も抜群です。その他、葉色で特徴的なものは茶色、黄土色などのブラウン系。秋っぽい季節感を出したい時などに使うと、黄昏や収穫のイメージが醸し出されるので積極的に使ってみたい素材です。白いストライプが入るなどグラデーションが美しい複色の葉物は、その葉が持っている色の花同士をジョイントさせる接着剤のように使うと全体的にまとまります。あふれるばかりの花色で埋め尽くされたデザインも良いですが、葉の色で目が休まり余韻が残るものも捨てがたい。何はともあれ、葉物を上手く使いこなせると花活けは楽しくなります。

## 形状と素材感で選ぶ

葉物の形状は花よりもグラフィカルな特性を感じます。直線、曲線、丸、三角、楕円、ジグザク、下垂するもの、蔓状のもの、ハート形などさまざまです。花だけでは凡庸なデザインに仕上がりがちですが、葉物の形状を生かして花と合わせると意外な効果が生まれます。例えば、モダンでシャープな印象のデザインにする場合、カラーなど力強い茎を持った素材の個性に頼ることになりがちですが、直線のラインを持つ葉物をメイン素材として多く使うと、カスミソウなどの繊細な小花を合わせてもモダンでシャープなデザインに仕上げることができます。

夏場の花が持たない時期は、トロピカル系のモンステラ、アビス、アンスリュームリーフなどを飾ると季節感が出ます。蔓系のアイビーやスマイラックスなどはナチュラルで優しい感じを出したい時にお勧めで、棚の上へ飾る場合に垂れ下がるように活けられるので重宝します。また、何かもやもやしている気持ちを一新したい時は、オクラレルカなどの明るい緑の葉物だけでまとめ、花は一切使わずにシンプルに構成するのも一つの方法です。

そして、葉物は「素材感」も大切な要素です。ベルベットのような光沢を持ったシロシマウチワは模様も独特で、それだけ飾っても見方によっては花よりも存在感があります。耳たぶみたいな柔らかさを持つラムズイヤーは見ても触っても気持ちがほっこりと和みます。反対に、ツルツルして先が尖った金属的なニューサイランはシャープな感じにぴったり。閉鎖的な空間だけど優しい風に吹かれたようなイメージであれば、ベアグラスなどをシンプルに曲線だけで構成してみるのも一つの選択肢でしょう。ザラザラしたゼラニュームの葉は、古材などを使った家具に違和感なく馴染みます。

葉物はコストパフォーマンスに優れています。花だけを使って装飾全体のボリュームアップをすることは高価になりますが、葉を多く使うことで、一般的に全体のコストが抑えられ、装飾も長く楽しめます。

## 代表的な葉物一覧

名前の下は左から順に
科目｜形状｜色味｜入手時期

**アイビー**
ウコギ科｜下垂｜緑濃淡、斑入り等｜通年
長持ちし、環境に合うと根が生える。染色したものは秋の色合いを出すのに重宝する。

**アスパラガス・プルモーサス**
キジカクシ科｜下垂｜濃い緑｜通年
繊細で不規則な線が自由奔放で面白い。茎は丈夫だが葉は散りやすいので食卓には不向き。

**アレカヤシ**
ヤシ科｜曲線｜濃い緑｜通年
一本でも様になる夏にぴったりの素材。風を感じるような緩やかな曲線の茎と葉は秀逸。

**クロトン**
トウダイグサ科｜集合体｜濃い緑と濃い黄色の複色、濃い赤と淡い茶色の複色｜通年
通常は葉だけで流通する、南国のイメージを持つ素材。手のひら大の葉は色彩に富んでいて絶品。

**スチールグラス**
ススキノキ科｜直線｜濃い緑｜通年
名前の通り鉄のように硬いが、折れやすい。先が尖っているので目に入らないよう注意すること。

**トクサ**
トクサ科｜直線｜濃い緑｜通年
太古の昔から地球上に存在した植物。空洞の茎にワイヤーを入れて曲げることができる。

**ドラセナ各種**
キジカクシ科｜直線｜濃い緑、濃い赤、斑入り等｜通年
長持ちして茎は固い。そのままでボリュームを出すのも葉を小分けにして使うこともできる。

**ニューサイラン**
キジカクシ科｜直線｜濃い緑、濃い赤、斑入り等｜通年
シャープな線を持つ素材。モダンなデザインに仕上げる時に活躍する不可欠な名脇役。

**ミスカンサス**
キジカクシ科｜曲線｜濃い緑、斑入り緑｜通年
爽やかで優しげな斑入りのものと緑一色がある。長狭なので卓上花などに使うと良い。

**レモンリーフ**
ツツジ科｜集合体｜やや淡い緑｜通年
葉の形がレモンに似ているのでこの名前に。茎は矯《た》められるので動きを出すことが可能。

**モンステラ**
サトイモ科｜平面｜濃い緑・斑入り｜通年
葉に穴が不規則に空いている。大きなものは直径六十センチメートル以上の品種がある。

# 枝物の選び方

海外のあるフラワーデザイナーを日本の花市場に案内した時のこと。市場に出荷されている枝物の種類の多さに感激する彼の興奮した姿が忘れられません。他の国と比べて枝物が豊富にある理由は、北は北海道から南は沖縄まで多様性を持った産地と、世界に誇れる「生け花」という文化がこの国にはあるからだと推測します。

その歴史の中で育まれた枝の生かし方とは？「案ずるより生むがやすし」。まずは枝を一本飾ってみましょう。

## 季節で選ぶ

花屋で枝物と呼ばれるものは、枝に花をつけているものと葉だけのもの、茎だけで店頭に並ぶものがあります。花をつけて販売されている枝物は、どことなく草花よりも季節を感じさせてくれる素材です。葉だけの枝物も、早春の新芽から晩秋の紅葉まで変化に富んでいます。また、秋から冬にかけては実がついた枝物も忘れてはいけません。私好みではありますが、春夏秋冬でお勧めしたい枝物を簡単にご紹介します。

春は花がついた枝にとって最良の季節。この時期の枝物は葉に先立って花を咲かせるものが多くあります。マンサク、キブシ、サンシュユ、レンギョウなど黄色い花で春の訪れを私たちに囁きかけます。そして、桃、桜、木蓮など桃色、桜色の花が追いかけるように後から続き、彩を添えます。フィナーレを飾るのは白い花たち。コデマリ、ハナミズキ、ムシカリなどです。

夏の枝物は、葉の緑が瑞々しく清らかで生命力を感じさせてくれます。チンシバイ、バイカウツギ、ナツハゼ、ドウダンツツジ、キイチゴなど。枝ぶりをダイナミックに活かした大らかな枝使いができる素敵な季節です。

秋は、春から夏にかけて見られた枝物が色づいたものを愉しめる季節。また、色とりどりの実物も出回ります。ナナカマド、カジイチゴ、ニシキギなどの紅葉と、ノイバラ、サンザシ、ガマズミ、サンキライなどの実を使えば、成熟した大人の秋が演出できます。

冬は葉を落とした枝ぶりが持つ個性を活かす季節。うねるように蛇行した線のウンリュウヤナギ、コウテングワ、赤が鮮やかなサンゴミズキ。また、椿や梅などは花がついた冬の代表的な枝物です。ヒノキや杉、松などの針葉樹も忘れてはいけないこの時期ならではのもの。多種多様な枝に出会える日本の自然風土に感謝してもしきれません。

## 枝ぶりで選ぶ

枝物には個性的な動きを持っているものが多くあります。例えば、庭先で剪定した枝を室内に飾るなら多少の枝は間引いてそのまま生かすほうが良いでしょう。奇をてらわず、素直に「自然の一部を切り取るように」そのまま活けると収まりが良くなります。そうはいっても理解しにくいと思いますので、私がお勧めする枝ぶりの観察法をお教えします。

樹木にとって枝ぶりは人間でいうところの骨格です。肉がついた状態でも骨は想像できますが、詳細までは分かりません。樹木にとって人間の肉である葉がついているものは、骨である枝の動き、先端の方向などがぼやけた状態といえます。自然の中でありのままの枝ぶりを理解するには、冬の時期、落葉した骨だけの木々の枝ぶりを観察すると、枝と枝の空間や向きなどがわかりやすいです。騙されたと思って冬の森を散策してみてください。

花屋で枝物を購入する場合、ちょっとした注意が必要です。一般的に枝は、葉のついている量や大きさだけで選んでしまいがち。大きくて葉や花がたくさんついているものがお得な気もしますが、そのまま花器に活けるとしっくりこないことがあります。そこで、枝物を購入する時は所有している花器と活けた後に飾る場所をイメージすることが大切です。枝物を手に取って、バランスや枝の動きを出しているラインをよく見極めましょう。飾る場所が三六〇度全方向から見られる場所であれば、手に持ってみて左右前後にバランスよく枝が張っているものが良いですし、一八〇度片側面から見るだけであれば、前方の枝ぶりに注意を払いましょう。

また、大ぶりな枝物を小分けにして数か所に飾る場合は、あらかじめどこで切ると最大限に活かせるかを考えてから購入することが重要です。例えば、高さを百センチメートルほど出したい場合はその長さを残して短くします。

切り取った枝に脇枝がついていれば、それを花器に入れて二か所に飾ることができます。さらに長く残した枝の中で重なり合っていて枝の線がうるさいところは間引いて整理します。一本の枝が持つさまざまな個性を見極めると良いでしょう。また、枝物は手で矯《た》めれば好みの枝の線を作ることができるものもあります。しかし、なるべく枝は矯めないで、一番生かしたい線の邪魔をしている余分な小枝、葉を間引いてすっきりさせて好みの線を作るほうが自然で美しいと思います。

花屋で販売されている枝物には、整理されていない葉がそのままついていることがほとんど。その葉の中でひときわ輝いて美しいものを見つけたら、それを生かした枝を持っているかどうかも考えてみると良いでしょう。例えば、枝ぶりを生かした紅葉を見せるのであれば太い幹の中心部に美しい紅葉が多くついているものよりも、枝先に美しい紅葉がついているものを選ぶべきでしょう。また、不要な葉を整理して美しい枝ぶりを強調できるものはどの枝か、花屋に相談して購入すると失敗は少ないと思います。

## 代表的な枝物一覧

名前の下は左から順に
科目｜形状｜色味｜入手時期

**ドウダンツツジ**
ツツジ科｜上昇して広がる｜葉は濃い緑(五〜十月上旬)・紅葉(十月下旬頃)、枝は灰色がかった茶色｜五〜十月
繊細な枝先に多くつく、透明感のある小さな葉を持つ。花持ちが悪い夏の時期にお勧め。

**梅**
バラ科｜不規則な線｜花は白・ピンク・朱赤等様々、枝は濃い茶色｜一〜三月
桜と違って枝に面白みを感じる素材。開花したものよりも少し蕾気味のほうが趣を出せる。

**ウンリュウヤナギ**
ヤナギ科｜くねくねした曲線｜枝は薄茶色、葉は淡い緑※1｜通年
そのまま活けるだけでインテリアオブジェにもなり得る造形は、モダンな花活けにぴったりな素材。

**キイチゴ**
バラ科｜ほぼ直線｜葉は濃い緑、花は白｜五〜十一月
初夏には艶も美しい緑色で大らかな枝物。色の移ろいがきれいな秋の紅葉も素敵。

**グニユーカリ**
フトモモ科｜ほぼ直線｜葉は青味を帯びたグレイ｜十〜三月
丸い葉が可愛いスモーキーな色合いとマットな質感。簡単にドライフラワーにできる。

**サクラ各種**
バラ科｜多種様々｜花はほぼピンク系・緑、枝は茶色が多い、葉は淡い緑が多い｜一〜三月
多くの日本人が好む枝物。自然開花期は四月頃だが、花屋の店頭には一月に並ぶ品種もある。

**サンキライ**
サルトリイバラ科｜不規則な線｜葉は明るくつやつやした緑※2｜十一〜十二月
クリスマス時期の定番素材。そのまま飾ってもぐるぐる巻いてリースにしても様になる。

**ボケ**
バラ科｜不規則な線｜花は白・ピンク・朱赤等様々、枝は灰色がかった茶色｜一〜三月
動きが不規則で独創的な線を持つ素材。棘があるので怪我をしないように注意。

**ミモザアカシア**
マメ科｜優しい曲線｜葉は青味を帯びたグレイ、花は黄色、枝はグレイ｜一〜二月
黄色い小花が愛らしい唯一無二の存在。近年はリースの素材としても使われることが多い。

**ユキヤナギ**
バラ科｜優しい曲線｜花は白、枝は濃い茶色｜一〜三月
弓型に曲がった枝全体を覆うように小花がついている様は、まさしく「雪柳」そのもの。

※1 通常は葉がなく枝のみで流通　※2 花は流通せず、実は緑と色づいた赤がある。赤い実の時は葉が落ちた状態が多い

# 花の下準備

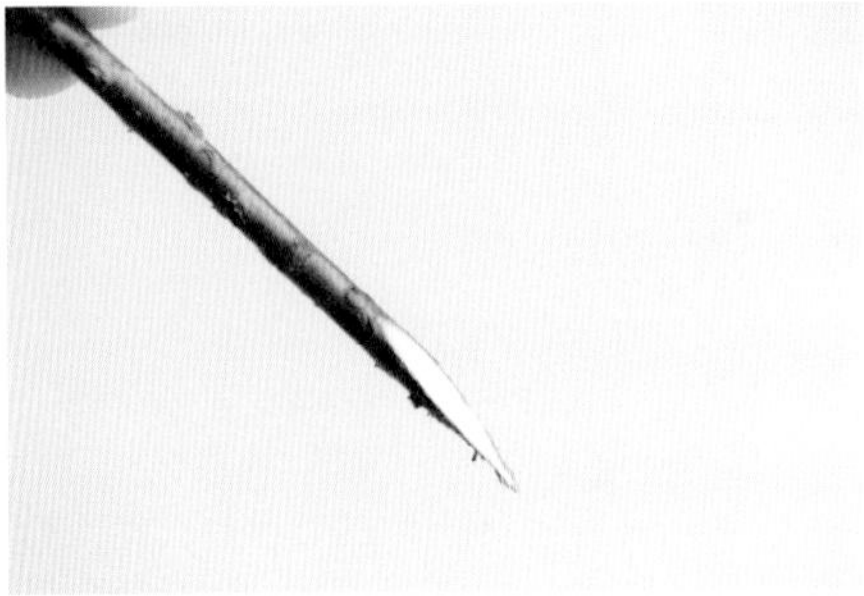

切り口の理想は四十五度以下で、三十度に近い鋭角に切る。

自然界に生きている花（植物）は十分に光を受けている時、光合成によって二酸化炭素を取り入れ酸素を出し、そして、夜は酸素を取り入れ二酸化炭素を出します。光合成とは、植物が葉の中で蓄えた光のエネルギーを、二酸化炭素と水から、有機物（でんぷんなど）と酸素へと合成すること。植物には水が通る「導管」と栄養分が通る「師管」が集まった維管束があり、光合成でできた栄養は師管を通って植物の体内へ運ばれ、生長に繋がります。

切り花の水揚げには導管がとても重要です。土に根を下ろしている植物は、根圧によって水を導管から運び、葉の蒸散などでより良く水を吸い上げます。しかし、切り花には根がありません。根圧がなくなり水を吸い上げる力が弱まるので萎れてしまいやすくなるのです。そんな切り花は水に浸かっていない状態が長く続くと、維管束に空気が入り込み、だらしない花が「水落ち」した元気のない姿になります。このような状態になってしまうと復活させることは容易ではありません。しかし、水揚げをしっかりすれば、茎や葉のしわがピンと張り、シャキッと瑞々しい状態でうなだれていた花首も元気に起き上がります。

一般的に花屋では水揚げされた花が店頭に並びますが、自宅や友人の庭から切り取った花はしっかりと水揚げすることがとても重要です。「水揚げの仕組み」は花を活けるための大切な知識です。

深めの容器に水を溜め、深い位置で花を切ると良い。

### 下葉を取る

花が枯れる一番の原因は、導管が水の中で発生したバクテリアによって詰まってしまうことです。人体で例えると、血管がプラークによって流れなくなった状態。そうならないように、花を活けた器の水をいつも清潔に保つことが大切です。また、余分な葉が水に浸かった状態でいると、葉が腐ってしまい、それを栄養にしてバクテリアが繁殖しやすくなります。水に浸かる下葉はすべてきれいに取り除きましょう。

### 斜めにカットする

花を水揚げする時には、花の切り口の断面積をできるだけ広くしてあげるとしっかり水が上がります。刃の向きを鋭角に、角度は四十五度以下が目安です。よく切れるハサミなどを使って、導管をつぶさないように注意して切ります。

### 水切り・水折り

「水切り」とは道具を使って花を水中で切ることです。この方法は切り口が空気に触れることがなくしっかり水揚げができます。どんな種類の草木や花にも適しているので知っておくと便利です。

「水折り」とは水中で花の茎を両手で折ることです。鋭利なナイフやハサミ

茎を両手で持ってしっかり折り切ることで水揚げが良くなる。

を使った切り口と違って切り口はささくれ立ち、断面がジグザグになって断面積が増えて水を吸い上げやすくなります。この方法は、菊やリンドウ、トルコキキョウなど茎の折れやすい一部の花に適しています。手で折るため簡単で、ハサミなどに付着したバクテリアもつきません。しかし、バラなど簡単に折れない花は維管束がつぶれるので不向きです。

どちらの水揚げも、茎が空気に触れないように深めのバケツなど水をたっぷり張った容器の中に浸けて、底から二、三センチメートルのところで切る、または折ります。水圧によって水を吸い上げる力が強くなるので、浅いところで切るよりも効果的です。また、冬場は水温が低いと低温障害[※1]を起こすことがあり、花にストレスを与えます。その時は水を常温にしてから水揚げをしたほうがよく上がります。

三、四時間水を吸わせた後は、再び切り戻し[※2]をしてきれいな水を張った器に活けましょう。

**割る、裂く**

「割る」のは枝物全般に活用できる方法です。とりわけ叩いたりしても簡単に表皮に覆われた維管束が出てこない太い枝の水揚げに重宝します。枝の根元に、繊維に沿ってハサミなどで縦方向の切り込みを入れます。こうすることで水の染み込む吸水面が広がり、水揚げが良くなります。一文字に一本の切り口よりも、十文字に二本切り口を入れたほうがより効果的です。ハサミが使えないほどの直径七センチメートル以上の太い枝物などは、ナタを使って切り口を割ります。

クリスマスローズやクロユリなど、やわらかい茎を持つ植物を水揚げする場合は、ナイフやハサミなどで茎の繊維質に沿って十文字に「裂く」と良いでしょう。

**焼く**

この方法は、切った後に白い樹液が出るブルースター、ポインセチアなどの花で効果的です。焼くことにより高温になった茎の内部が膨らみ、中に入っていた空気や樹液を押し出し水揚げが良くなります。また、熱によってバクテリアを死滅させることもできます。

水揚げする時は、熱が直接花に当たらないように新聞紙でしっかり包み、一度茎を切り戻し、新鮮な断面を出しましょう。強火で切り口を炭化して黒くなるまで焼き、すぐに水に浸けます。水が上がったら焦げて黒くなった部分は切り戻してきれいにしてください。焼いて水揚げした場合の茎は細胞が機能しなくなるので、新しい断面が必要になります。火を使うので、くれぐれも周りの作業環境を整えることを忘れずに。

※1 低温障害:寒さによって葉の色が変化したり、根の成長がゆっくりになったりと、上手く肥料分が吸収できないでいる状態
※2 切り戻し:切り花が長持ちするように一度水揚げした花の切り口をもう一度切って断面を新しくする処理方法の一つ

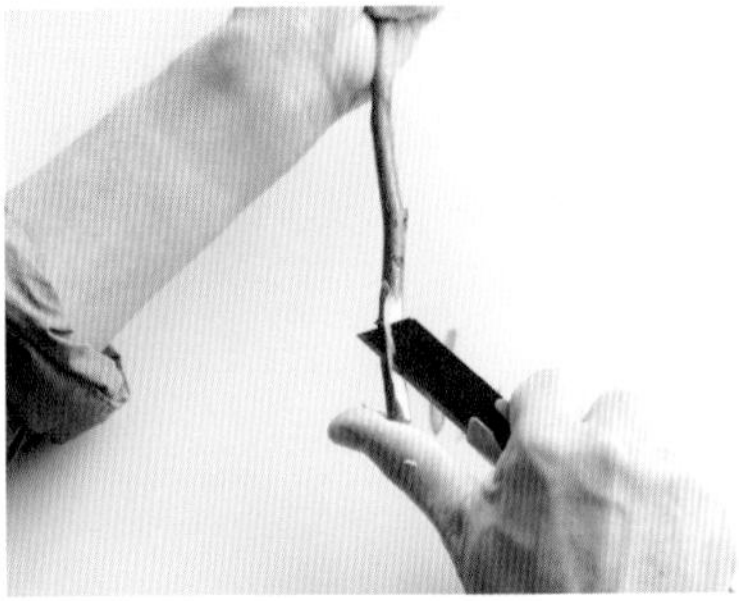

表皮の内側の白い部分が出るまでしっかりと剥ぐ。

## 湯上げ

この方法も「焼く」同様、空気や樹液を茎の中から押し出すことで水揚げが良くなり、熱によってバクテリアを死滅させます。菊、菜の花、ストック、ガーベラ、キンギョソウ、ブバルディア、センニチコウなどの花で効果的です。まずは、花に蒸気が当たらないように新聞紙でしっかり包みます。茎を二センチメートルほど切り、乾燥していない新鮮な断面を出し、茎の先端三センチメートルほどを熱湯に十〜十五秒浸けます。温度は八十〜九十度が効果的です。時間が経ったら、あらかじめ用意していた水をたっぷり張った容器に茎全体が浸かるように素早く入れます。そのまま三、四時間経てば水揚げ完了です。湯に浸けたところが茶色に変色し腐りやすくなるので、水揚げした翌日にその部分をカットしてください。

## 表皮を剥ぐ

この方法は叩いたり砕いたり割ったり裂いたりすることができないくらい太い幹を持つアセビ、桜、ドウダンツツジ、松などの枝物の水揚げに適しています。樹皮を剥ぐことで導管が水に接する面積が大きくなります。

幹の先端から十センチメートルくらいまでの樹皮を、ナイフなどで皮層（内側の白っぽい部分）が出るまで剥ぎます。

茎の繊維を壊すのではなく「ほぐす」ように優しく叩く。

## 綿を取る

この方法はアジサイ、ビバーナム、スモークツリー、リョウブ、木苺など茎の中心部に綿（スポンジ状の組織）がある植物に向いています。水揚げを邪魔する綿を取ることで、導管が水に接する面積が大きくなります。

斜めにカットした茎の断面に出てきた白いスポンジ状の綿をナイフなどの刃先でほじくるようにすべて取り除きます。この時、茎の内側も少し傷つけてあげると、その傷から水が染み込みやすくなり、水揚げ効果が増します。

## 叩く・砕く

木槌やハンマーで茎の先端五〜七センチメートルを叩き、繊維を崩します。そうすることで水に接する茎の断面が広くなり上がりやすくなります。コデマリ、ユキヤナギ、スモークツリーなど人差し指の太さ程度の枝物の水揚げに適しています。茎を叩く時はあまり力を入れ過ぎないよう優しくほぐすようにしてください。また、茎を床に直接おいて叩くと床を傷つけるので、廃材の板などを敷いて保護しましょう。

## 水揚げ剤と薬品

これまでの水揚げ方法に加え、薬品を使用することも効果的です。私たちの身近に水上りが良くなるものがあるのでご紹介します。

・消毒用エタノール

花の切り口から出る灰汁などは水を汚す細菌を含んでいます（樹液にはアルカロイドという有毒成分が含まれている場合があります）。茎を切った後に切り口をエタノールに十秒ほど浸けると、表面張力を下げて水を吸い上げる力が上がり、雑菌を抑えつけ、バクテリアの繁殖を妨げる効果もあります。ジャスミン、ガーデニア、ダスティーミラーなどに適しています。

・ミョウバン

食品添加物としてもお馴染みのミョウバンを茎の切り口に擦り込むことで、灰汁が落ちて水上りが良くなります。ミョウバンを使うのに適している花は、ユキノシタ科のアジサイやクリスマスローズ、スモークツリー、ウツギなどです。

・酢

ミョウバン同様に切り口に酢を擦り込むことで、固まった樹液を溶かして花の水揚げが良くなります。酸性の酢は、イネ科の植物全般、例えば、ススキ、笹、スモークグラス、ラグラスなどに適しています。

このように色々な水揚げの方法がありますが、茎を切り戻すだけでも花持ちが全く違ってきます。時間がある時に、花に合ったそれぞれの水揚げを試してみてはいかがでしょう。

## あると便利な道具

花を活けるためにはハサミがあれば事足りる、といいたいところですが、毎日花を活けているうちに「あると良いな」と思う道具が頭に浮かびます。それは、花を活ける人によって千差万別です。大切なことは、その道具を使って花活けが楽しくなることだと思います。個人的にあると便利な道具をご紹介しますので、ご参考まで。

**・ピンセット**

花には花粉がつきものです。その中でもユリの花粉は洋服にこすれてつくと厄介です。ユリは産地から蕾の状態で出荷されます。花屋で水揚げをしてから開花していくのですが、半分くらい蕾が開いて花粉が見えたら丁寧に取り除くことをお勧めします。すぐに取ると素手で取っても手につきにくいのですが、時間が経つと花粉が湿ったようにねばねばしてきます。そんな時、素手で取らずにピンセットでつまむと手が汚れません。また、花がそれほど開花していなくても、少し開いた蕾の口へピンセットの先を入れて花粉を取ることができます。

**・霧吹き**

アジサイなどの水が上がりにくい花の水揚げをする時、葉に霧吹きで水をかけると茎から上がった水が葉から蒸散しにくくなるので、花の水揚げが良くなります。ただし、シャクヤクやバラなどの花にかけるとしみになる場合があるので注意してください。

葉についた少しの汚れなどは霧吹きで湿らせてから軽くこすると取れやすくなります。また、冷暖房が効いた部屋など花を乾燥気味の場所へ飾る場合は、水替えの時で構わないので、全体に霧をかけてあげると花がしっとりして長く楽しめます。

**・カッターナイフ**

通常ご家庭で花を切る時にはハサミを使うのではないでしょうか。何の問題もないのですが、より良く花の水揚げをしたいと考えた場合に、草などの柔らかい素材からバラの茎くらいの堅さまではカッターナイフで切ることをお勧めします。ハサミもカッターナイフも購入したばかりであれば切れ味は良く、花の茎の断面は同じくらいきれいで問題ないのですが、使っていくうちにハサミもカッターナイフも植物の脂や刃こぼれで切れ味が落ち、切り口の維管束が押しつぶされて水の上りが悪くなります。そんな時カッターナイフは簡単に刃を替えることで切れ味は戻りますが、ハサミは研ぐ作業が容易ではないですし、良いハサミは高価なので簡単に替えることは経済的ではありません。

カッターナイフで花の茎を斜めに切ることは慣れないと上手くいきませんが、料理で包丁を使うのであれば簡単なコツですぐに切れるようになります。怪我をしないよう注意すれば重宝する道具です。

# 花のメンテナンス

花はこまめに手入れをすると長く元気な状態でいられます。毎日の食べ物や習慣が私たちの体を健康に保っているのと同様に、花にも栄養や手入れが必要です。切り花はいずれ朽ちていく運命ですが、ささやかな愛を捧げると長寿を全うします。

## 咲かない蕾などのトリミング

バラ、カーネーション、菊などの花にはスプレー咲きというタイプがあります。一本に枝分かれした小花や多数の蕾がついているので、お得感があり、人気です。花屋で通常販売されているスプレー咲きの花は、きれいに咲かないまま蕾で枯れてしまうものを取り除いていますが、時々たくさん蕾をつけたまま販売している場合もあるので、咲かない蕾をトリミングする基準をお伝えします。

蕾をきれいに咲かせるためには養分の入った栄養剤を希釈した水が必要です。五〜八分咲きの蕾は咲く可能性があるのですが、固い蕾は開花しないと思ってください。固い蕾は無駄に栄養剤の養分を吸って開花しないので間引きます。そうすると開花の可能性がある蕾に養分がいき渡り、花を長く楽しめます。

その他にも、枯れた花がら、萎れかけている花、葉は思い切って取り除きましょう。それらはエチレンガスを発生させる場合があるので、そのままにしてておくと元気な花の寿命を縮めてしまいます。見た目にも悪いのでこまめに取り除くことをお勧めします。

### 水替え、水の量

切り花の元気がなくなる理由は、何らかの原因で切り口が詰まってしまい導管から水を吸い上げられなくなるからです。最初の水揚げでは茎を切った時に導管は勢いよく水を吸い上げますが、時間とともに水に雑菌などが発生して導管が詰まります。その解決策として、汚れた水を毎日交換することに加え、茎の先端を二センチメートルほど切る「切り戻し」を毎日おこなうことも大切な作業となります。それによって新しくなった切り口から新鮮な水を吸い上げ、花に精気が戻ります。

しっかり水が上がったほとんどの花に関していえることですが、その花を別の器に活け替える時の水量は、茎が浸かる十五～二十センチメートルほどあれば大丈夫です。ただし、ガーベラや菊などの茎は目に見えないくらいの微細な毛に覆われているので、そこからバクテリアが発生して水を腐らせる原因になります。特に夏場は水温が上がり、水が腐りやすくなるので、これらの花や五～六本ほどのミニブーケであれば、少なめの水量でこまめに水替えをすることが理想的です。

多くの花をつけている十本以上の花束、水落ちしやすいクレマチスなどの花、一メートル以上の長い枝物はある程度の水量が必要なので、器の半分以上は水を入れましょう。もちろん、水量の多い少ないに関わらず、水が濁って腐らないことが重要です。また、手間でなければ氷を入れて水温を下げると、バクテリアの発生を抑えることができるのでなお良いです。

花器に活けた花のボリュームが多い場合は、多くの水を吸って葉から蒸散するため、花器の水がすぐに底をつくので注意しましょう。毎日水量を確認して、交換か補充が必要です。また、花器の内部に付着したバクテリアを殺菌するために、時々花器を漂白剤で洗浄することをお勧めします。

## 花を飾る場所と栄養剤

最近はほとんどの花屋で花を購入するとついてくる「栄養剤」ですが、面倒だからといって使っていない人が多いのではないでしょうか。しかし、切り花は根がなく、土から養分をもらえないので、水に栄養剤を溶かして与えることが不可欠です。

切り花はしっかり水揚げしていれば栄養剤がなくても長く楽しめますが、栄養剤を入れた水に活けた花と、ただの水では花の「発色」と「花を愉しめる長さ」が全く違ってきます。

発色に関しては鮮やかになりますし、開きかけている蕾も多く開花します。また、通常の栄養剤には水を腐りにくくする殺菌剤も入っていますので、ちょっとしたことですが、効果絶大なのでぜひご使用をお勧めします。水替えをする毎に使うと良いでしょう。ただし、お使いになる時は希釈倍率を正確に測ってください。人に処方される薬と同じで、いい加減な希釈にしてしまうと効果が出ません。

そして、栄養剤と同じくらい大切なことは「花を飾る場所」です。まず、切り花に直射日光が当たると温度が上がるので、涼しくて明るい場所が好ましいです。そして、果物、野菜に近い場所は、花を老化させるエチレンガスが発生する可能性があるため避けてください。

また、ストーブや暖房器具のそばで高温になる場所は、気温が上昇することで花の呼吸量が多くなり疲労してしまい、さらに葉から水分が過剰に蒸散され萎れる原因にもなるので適していません。

花は涼しい場所を好みますが、乾燥は嫌います。扇風機、エアコンの風が直接当たる場所は水分が蒸散して乾燥し枯れてしまうので要注意です。

二章

# 花を活ける

花を活けるとは、花を生かすこと。保水のためと花の個性を引き立てる役目の「器」に合わせ、そして、相応しい「空間」に飾るという行為のことです。花を生かすには技術と知識が必要です。一朝一夕で花活けが上手くなることは困難ですが、知識を深めながら実際に花を活けて技術を習得していけば、上達も早く花活けが楽しくなると思います。まずは一本手に取って活けてみましょう。

# 花器から考える

花を素敵に活けようとした時には、自分の心に響いた花を先に選んでからそれに合った器を選ぶ場合と、器ありきで花を選ぶ場合とがあります。一般的には、まず花を最初に選ぶことが多いのではないでしょうか。どちらにしても、「花」と「器」がそれぞれの個性を出し合って、魅力的な花活けに仕上がっていることが理想です。

花と器の関係でいうと、「花」が主役なので、「器」は花を引き立てる役割に徹することが重要だと思っています。例えば、精巧な細工や模様が全体に施されたような華美な器は、それ自体ですでに完成された鑑賞に値する作品なので、花を活けなくても美しく感じるでしょう。

それは身に着ける洋服と小物に置き換えるとイメージがしやすいと思います。コーディネートする時、ほとんどの方は最初に洋服を選ぶはずです。その洋服に派手な模様や刺繍などの装飾が施されていたとしたら、何も考えずにアクセサリーを合わせると上手くいきませんし、それとは反対に、何か物足りないくらいの洋服を選んでおけば幅広いアクセサリーを合わせることができます。

つまり、花と器で考えた場合、器はあまり際立って主張がない、花の個性を幅広く受け止めてくれるようなものが好ましいと思います。特に、花を活けることに慣れていない方が最初に花活けする場合、入手したいのはそのような器です。

世の中には数えきれないほど多くの花器が存在しますが、改めて花器とはどのようなものなのかを考えてみましょう。その最低条件は、花が生き長らえるために必要な水が零れずに溜められることができるもの。つまり、固定観念に捉われなければ、水が溜まるものはどんなものでも花器になり得るということです。ただし、今後何年も花を活ける時に使用するのであれば、愛着を持てる好みの花器を選ぶことが大切です。生涯つき合っていく花器は、愛おしい存在であるべきだと思います。

# ガラス

この花器の魅力は、花本来の美しさを邪魔しない透明感と、水中の茎が見えることにあります。透明であることは存在がないに等しく、活けた花の「色」「形」「線」に意識が集中するので、花の魅力がそのまま伝わります。また、メンテナンスにおいても、水の状態が一目瞭然ですから、時間の経過とともに濁ってくる水の交換時期を逃しません。洗う時は、細かい傷がついてしまわないよう、手で優しく洗うか漂白剤でぬめりを落としましょう。

ガラスは比較的手頃なものが多く扱いやすい器です。最初に揃えるなら、高さ二十センチメートル前後の円柱型で、口の直径が十センチメートルほどのシンプルな寸胴タイプがお勧めです。

左頁で合わせたギボウシは、花と葉を使ってシンプルに。花よりも、凛とするギボウシの葉先と葉裏に描かれた優美な線に心がときめきました。ガラスを使うことで、水中に真っすぐな茎が描く線がしっかり見え、葉の曲線との対比を表現しています。心の赴くまま投げ入れしたシンプルでモダンな花活けです。

［使用花材］
ギボウシ（花・葉）

# 土もの

器のルーツともいえる土器や陶器は、懐の深い母なる大地を連想させる肌合いと趣を持っている花器なので、活ける花の選択肢が多く重宝します。土ものに花を活ける時は、自然の景観の一部を切り取ったように素材を配置する感覚で活けましょう。作り込んで活けるというより、枝についた花や葉が光を求めていく様を見せるようにするイメージです。

素焼きの土器に花を活ける場合、直接水を入れると水が染み込み漏れるので、必ず水の漏れない器を土器の中に入れます。その容器の高さは、土器の口の高さよりも低くして見えないようにしましょう。

器に合わせた素材は、ナツハゼの一種活けでまとめたもの。器の表面の黄昏色と、ナツハゼの葉が醸し出す色の移ろいを意識して選びました。素材にぴったりな器に活けることで、深まる秋に山肌が紅葉した壮大な景色が心の中に見えてきます。土ものに素材を合わせる時は、釉薬などで微妙に変化した器の色を意識して選びます。同じ色調で合わせるのも、逆にコントラストを効かせて合わせるのも良いでしょう。

［使用花材］
ナツハゼ

# 籠

肩肘張らずに使えて、網目の間から空気が通り抜けていく「風」を感じることができる器です。使えば使うほど経年変化していき、侘びていく様は他の器にはない魅力があります。

籠に活ける素材ですが、「線」の美しいものを使い、空間をゆったり取ることを心がけると上手くいきます。花を塊で活けたとしても、茎の線が美しい素材を大きく使うことで軽さと気品を出すことができます。

籠の花器には必ず水の漏れない容器を入れましょう。竹籠の場合は竹筒を使うと無難に溶け込みますが、あえて陶器やガラスを合わせると、網目から陶器の肌やガラス越しの水が垣間見え、涼しげな表情を見せます。また、籐で編まれた手提げ鞄など日用品として販売されている籠などを花活けの器として自由気ままに使ってみるのもお勧めです。

道端で何気なく見たことがあるような景色をさりげなく活けて、気持ちがほっとする優しい花活けに仕上げたのが左頁です。どこにでもある楚々とした風情がある花は、籠と相性が良いと思います。

［使用花材］
アスチルベ
カワラナデシコ
アザミ
テマリソウ
ケイトウ
スモークツリー
タケニグサ
コバノズイナ
ベルテッセン
他

# 皿

本来は花を活けるためのものではないのですが、気に入った皿には時々花を活けてみたい衝動に駆られます。しかし、活けるには花を固定するものが必要です。それは枝であったり線香立てであったり、使えるものはどんなものでも使って、花を一番美しい状態でしっかりと固定させましょう。

特徴的な活け方は、皿一面に水を溜めて花を浮かべることです。花首や花弁だけを切り取ってそのまま水に浮かせましょう。枯れる寸前の花や何かのアクシデントで折れてしまった場合などに、花を魅せるための最終手段として試してみてください。一日ほどしか楽しめませんが、この飾り方をすれば、クロード・モネの『睡蓮』を思わせる景色を堪能できます。

左頁で合わせたのは、初夏の花のアジサイです。皿のように平面で花が自立しない器に活ける場合、剣山を使うのが常套手段ですが、自然の情景に近づけるために流木を使い、川べりの木陰にひっそり咲く姿を思い描きました。皿に花を浮かべる時は、水を張った後のほうが簡単です。利用できそうな花を自立させる用具を他にも考え、揃えておきましょう。

［使用花材］
アジサイ

# 石

花と石は自然の産物同士、意外としっくり調和し、収まりが良い関係です。石の良い点は、審美眼さえあれば河原や山道などどこでも簡単に手に入ることです。特に下流の河辺で拾える丸みを帯びた石は、どんな花でも受け入れることができる存在だと思います。色味が違う大小さまざまなものを常備しておくと、花活けで困った時に役立ちます。

左頁の作品には「和」の風情を持つロシアンセージを使いました。全体的に灰緑色の枝と葉の色目が石の色調にぴったり溶け込んでいます。水を溜める器も同じ色調になるようアルミ製を使いました。他にも、丸みを帯びた石であれば同じ曲線で構成された器を合わせて同調させる、もしくは直線で構成された器を合わせて対比させるなどが考えられるでしょう。また、活ける素材が直線で構成されていて、器も直線的なものを使う場合、曲線の石をアクセントとして作品に変化を持たせても良いでしょう。

石は剣山など隠さなければいけない花留めと違って、存在そのものが作品の一部になり得る優れものです。

［使用花材］
ロシアンセージ
フランネルフラワー
チランジアテクトラム

# 椀

私は花を活ける時、器の外側に向かって大らかに見せるか、あるいは内側に向かって物思いに耽るように見せるかを思案します。外側に見せる場合は、花を多く使って器から放射状にあふれるように活けることが多く、それとは逆に内側で花を見せる場合は、少ない花の量で効果的に使うことを心がけています。その時の花器として、椀はある程度の深さがあり内側に花を沿わせることができるのでよく使います。内側に花を活けると、第一印象は椀の側面しか目に入りませんが、近くに寄って上から見ることで花が見えて驚きを与えられるでしょう。椀に花の絵付けがあれば、その絵付けの花と同じ花を活ければ一体感のある作品にもなり得ます。椀は食器ですが、花を活けて腹ではなく心を満たすのもたまには良いかと思います。

左頁の花はベルテッセンです。茎が柔らかいので椀の淵に沿って内側に活けました。針金（錆びないアルミ製など）をぐるぐる巻いて器の中に入れると花を固定できます。漆黒の器と花が一体化して、正しく「花器」になりました。口の広い椀から見える水面も魅力の一つです。

［使用花材］
ベルテッセン

# 白い器

活ける花色と飾る場所を選ばないものとして、ガラスと同じくらいに出番が多い器ではないでしょうか。春夏秋冬、どの季節でも使えます。同じく無彩色の黒い器も良いのですが、花の印象が少し厳格になってしまうので、白い器のほうが汎用性は高いと思います。

また、磁器か陶器かによっても微妙に違ってきます。陶器は顔を両手で覆った時に感じる柔らかい人肌の持つ温かみを、磁器は澄み切った冬空のように凛とした印象を持つものが多いので、手に触れてみて器のイメージを感じた後、その時の気分で選択すると良いでしょう。

右頁で白い器に合わせた素材は、アーモンドがたわわに実った枝、蕾のクチナシです。蕾にしたのは、これから花を咲かせる未来を強く感じ、この器にぴったりだったからです。白い器は花の色を選びませんが、反面、大化けすることがない凡庸な作品になりがちです。思い切って個性を際立たせる攻めた花活けにするのであれば、白い花だけで活けたり、花は一切使わず枝、葉、実だけで活けたりすると目を引くと思います。

［使用花材］
アーモンド（実つきの枝）
クチナシ

# ジャンク

経年変化をしたものは花を活けるための格好の道具です。それは顔に刻まれた多くのしわがその人の人生を物語るように、味わい深く魅力にあふれています。ジャンク品に花を活ける時は、そのものから出ているエネルギー、つまり、廃棄するものが辿った「運命と時間の長さ」を想像することが大切です。その重みを考えずに安易に中途半端な花を合わせると、お互いの良さが相殺され見るに堪えない花活けになってしまいます。心がけるのは、多品種の花を欲張って活けるのではなく個性が際立つ花を少量使うこと。個性と個性がぶつかりバランスが取れ、思いがけない化学反応が起こります。

ジャンク品は一歩間違えるとゴミになってしまいます。その反面、花を活ける技量次第でアートにもなる。厄介だけど大切にしたい道具です。左頁の錆びた滑車に合わせたのは、フサスグリの熟しきった赤い実と今にも動き出しそうな葉先を持つ利休草。無機質だった滑車が長い年月を経て命を宿し、そこにさらなる息遣いを与える色鮮やかな二つの素材。思いもよらない組み合わせは、いつも新鮮な驚きと発見があります。

［使用花材］
フサスグリ
利休草

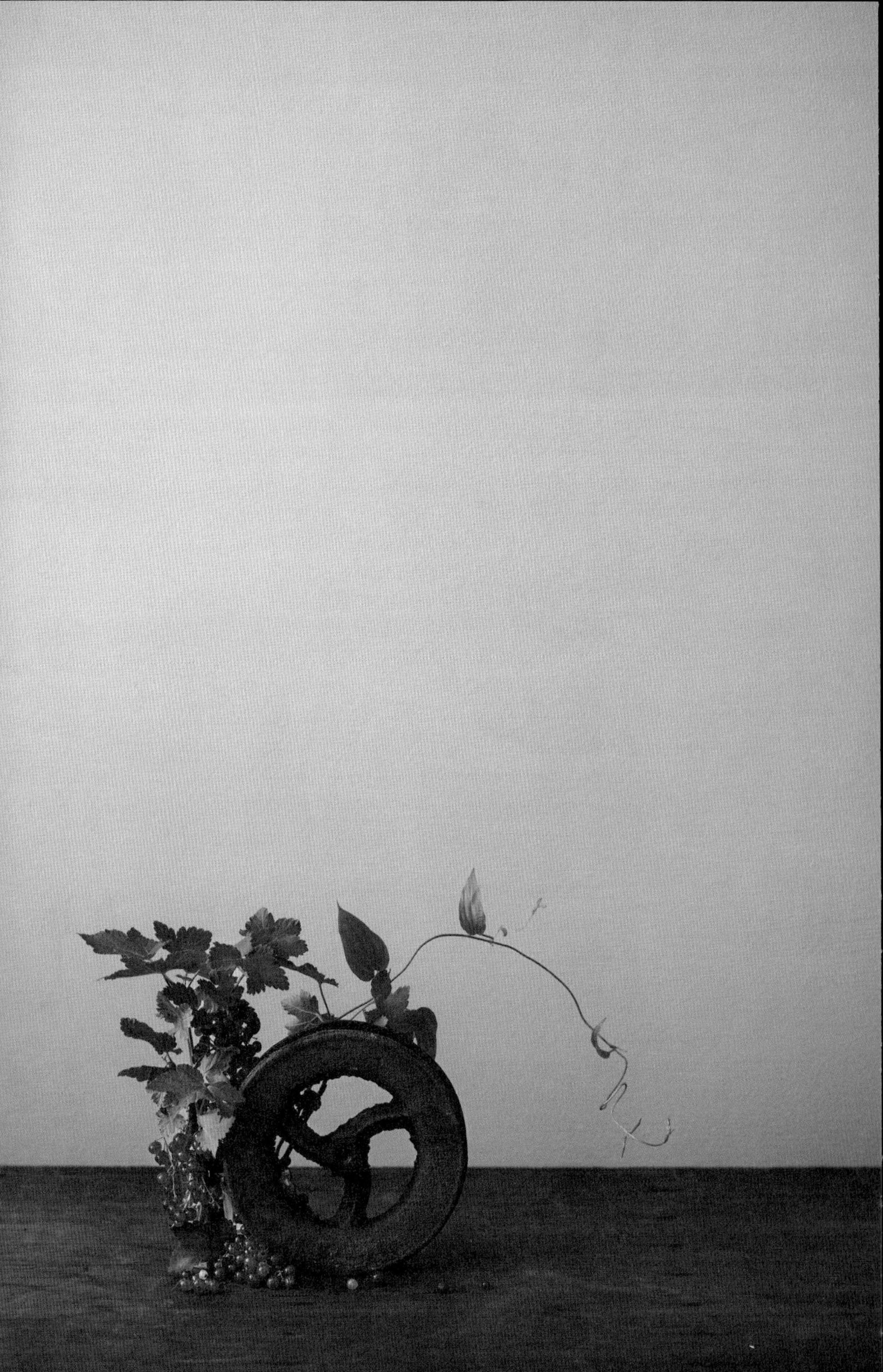

# 空間で考える

花は私たちが想像する以上に空間を支配する力を持っています。花と器が最高の状態で結ばれて魅力的であっても、飾る場所を間違えるとすべてが台無しに。しかし、一輪の花でもふさわしい場所へ飾ることで周りの空気を変えてしまうのです。空間について考える時のポイントをご紹介します。

一つめは普段の暮らしの中で存在が微かに感じられる日常の花。つまり「ケ（褻）」の花です。自宅は心が健やかになる空間ですが、往々にして無味乾燥になりがちです。そこで季節にちなんだ花、枝、葉を一本または少量で良いので飾ると、自然の移ろいを感じて日々の慌ただしさから解き放たれるでしょう。花の香りにこだわって飾るのもお勧めです。カサブランカなどは豊かな香りを醸し出すので、一輪だけでも空間を支配することができます（香りは人によって好みがあります）。吹き抜けなどの広い場所を飾る場合は、少量で空間を彩る枝物をシンプルに投げ入れるのが一番です。それだけだと殺風景に感じるのであれば、器の口元に季節の花を少し足すと良いでしょう。自宅だけではなく、職場の机に飾ったり、受付に花があったりすると元気をもらえるように思います。机にはどっしりと安定した花器に花を低く活け、水が零れないように。受付や応接室には人の導線を妨げない安全重視の花活けをしましょう。

二つ目は、非日常の空間、つまり「ハレ」の花を活ける場合。心がけることは、空間のどこに花を一番使うかを決めることです。誕生日会などのサプライズフラワーにする場合は、玄関には一切飾らずドアを開けた瞬間に驚きと感動を与えるためにリビングに集中して花を飾ると良いでしょう。また、記念日に部屋いっぱいに花を飾る場合、共通のテーマがあると素敵になります。例えば、「ピンク」をテーマとしたら、玄関、ダイニング、リビングを異なるピンク色で飾ると、別々の空間が一つにつながります。もう一つ重要なのは人の導線です。ゲストを招待する場合、普段は余裕がある空間も狭くなるので、花が邪魔にならないような大きさや長さにしましょう。特に身長が低い子供がゲストにいる時は、目の高さにするどい枝などが出ていないように気をつけましょう。

上手く花を活けるには、空間自体を「器」として考えることです。家具、照明器具、そこにいる人を含めた「空間」に、花器に活けられた作品を生かすように配置する。それができると、花がある心地良い空間に仕上がると思います。

# ダイニングテーブル

普段時

一日の始まりはこのテーブルで簡単な朝食を取り、帰宅してからはゆっくりとくつろぎの時間を過ごす。ここは花を無造作にザックリと器に投げ入れただけの飾り方がしっくりくる場所です。花色は季節に合わせて飾るのであれば春はパステル調、夏は原色、秋はアンティーク調、冬は赤系でまとめるのがしっくりきます。どの季節にも合わせやすい花色は白とグリーンの組み合わせではないでしょうか。春夏には白と明るい緑を合わせ、秋冬には白とグレイ系の葉を合わせると、同じ白い花でも違って楽しめます。

自然光がテーブルを照らすなら、微妙な愁いを帯びた茶系や黒系の花など普段はあまり好んで使わない色の花を大胆に選んで愉しんでみてください。自然光は花の色が一番美しく感じるので、どんな花色でも包み込みます。花が手に入らない場合は、葉や枝のみを飾るだけでも空間が変わります。特に夏に気温が上昇して花が長持ちしない時に覚えておくと良いでしょう。小さな花瓶を複数個、間隔をあけて飾るのもお勧めです。花瓶と花瓶の間に空間ができて、少量の花で素敵に飾れます。

［花活けについて］白いクレマチス、グリーンミスト、二種類だけでシンプルに。お行儀の良すぎる花にならないように無造作に投げ入れました。

# ダイニングテーブル
来客時

特別な日や来客をもてなす時には、趣向を凝らして、おもてなしの気持ちを花で伝えましょう。ゲストの好むイメージをテーブル上の花でコーディネートするのも良いですし、食事の内容に合わせた素材を組み合わせて雰囲気を出すのも良いと思います。

色とりどりの料理が並ぶ食卓はそれだけで絵になり、そこに花を飾ると過剰になる場合もあるので、分量と色合いを調整することを意識します。料理を引き立てることが大切なので少し控えめを心がけましょう。色合いは暖色系が食欲も増して良いのですが、夏など涼しさを演出したい場合は青や白などの寒色系でまとめると良いでしょう。また、料理の匂いを妨げる強烈な香りを持つ花は使わないほうが無難です。

そして、お互いの表情がわかるように高さのある花は避けましょう。食卓の花は食前や食後の殺風景な机上にあると華やぎますし、歓談のきっかけにもなり、お互いの視線を休める存在でもあります。多くの花を毎日飾ることはできなくても、特別な日はふんだんに飾ってみましょう。

［花活けについて］微妙な色合いで少しエスニックな香りがしそうな花たちを集めてみました。無国籍なイメージを感じるままに。

# キッチン

料理をする人にとってキッチンは実用性を重視する空間なので、無駄なものを一切置かないという考え方もありますが、そこで過ごす時間の長さを考えると、その時間も大切にしたいと思います。

キッチンに似合う花は何でしょう？　もともと野菜やフルーツは植物の花が結実したものなのでどんな花でも合わせやすいです。果物、野菜をメインに考え、花はそのキャラクターを引き立てる素材を選ぶと予算もかかりません。例えば、グレープフルーツを盛った籠に反対色の紫色のバンダなどコントラストを利かせた色合わせをすれば、少量でも素敵に飾れます。花ではなくても、ミントなどのハーブ類はそのままザックリと束ねてガラスのコップに飾ると絵になります。毎日の手入れが大変だと思うなら、乾燥させたハーブやローリエの枝を小さなスワッグ（76頁参照）に束ねて壁などにぶら下げて飾るのもお勧めです。また、観葉植物、多肉植物、サボテンなどをニッチなスペースに置けば、成長も楽しめて毎日の調理時間が楽しくなります。

［花活けについて］　黄色とオレンジのカラーの茎の線をリズミカルに生かし、斑入りの羽衣ジャスミンを絡めてナチュラルなイメージをプラスしました。パプリカやプチトマトを一緒に飾ると花がキッチンと溶け込みます。

# 寝室

いうまでもありませんが、一日で一番リラックスできる場所は寝室です。そこに飾る花で留意することを簡単にお伝えします。

ベッドの脇に置くのであれば、万が一倒れても水が一気に零れない大きさが無難です。一般的に考えると、赤などの刺激的な暖色よりも落ち着いた青、緑、茶色、または、白やパステルカラーの色目が精神にも優しく良いでしょう。花の形状は直線より曲線、四角より丸、刺々しいよりフワフワして柔らかみのあるイメージを持ったものがお勧めです。次に考えることは「香り」です。寝室は密閉された空間なので匂いが滞留します。いくら大好きな花の香りでも、就寝中に長時間嗅いでいると頭が痛くなったりすることがあります。また、間接照明を使えるならば、二メートルくらいの長い枝物や大ぶりな葉を持つモンステラなどの素材のシルエットを壁に浮かび上がらせて愉しむ方法をお勧めします。寝室はプライベートな空間です。花で素敵な夢を堪能してください。

［花活けについて］　特別な夜を演出する、ラインが美しい青い花のデルフィニウム、春の花のヒヤシンスとムスカリです。ムスカリはムスクの香りがしない品種を選び、ヒヤシンスの爽やかな香りを邪魔しないように注意しました。

# ドアノブ

毎日幾度となく、無意識に手を触れる大切なパーツです。ここに季節ごとの飾りをぶら下げるのも良いと思います。生花は保水をしなければ生き長らえないので、スワッグ（花や葉、実物を束ねて壁などに吊るす飾りのこと）がお勧めです。

簡単なドライフラワーの作り方をご紹介します。まずはドライフラワーになりやすい素材を見極めます。フレッシュな生花の時点で触ってみてパサパサした乾燥気味の素材はもってこいです。生花で飾った後、まだ名残惜しいのですが満開になる少し前に束ねて、風通しの良い日陰にぶら下げておきましょう。この時、輪ゴムで束ねておくと、茎が乾燥して細くなっても抜け落ちません。私のお勧めはネイティブフラワーと呼ばれるオーストラリアや南アフリカなど南半球原産の花です。特にユーカリなどは香りも良く、ドアを開閉する時に微かに香りが漂い癒されます。普段は見過ごしてしまう空間ですが、意外と家の中でアクセントになる場所ではないかと密かに思っています。ぜひお試しください。

［花活けについて］　実物を中心とした素材を麻ひもでラフに束ねました。

床

花を飾る場所に困った時は床に飾りましょう。まずは大きなバケツに水を溜めて花を無造作に一時避難させます。どの場所にどんな花をどれくらいのボリュームで飾れば良いかを試行錯誤してから、小分けにして相応しい場所へ移していけるので、ある意味保管場所として考えると良いでしょう。

床は、そのままの長さでは行き場がない季節の枝物や立派な長い茎を持つオリエンタルリリー、デルフィニウム、グラジオラスも本来の良さを余すところなく見せることができる寛容なスペースです。少しの手間を惜しまないのであれば、花を活けた器を直接床に置くのではなく、花の色を含んだ布を一枚敷いたり、古材を挟んだりすれば、そこはすでに床ではなくなり、花にとって特別な空間に変わるのでお勧めです。

飾る花が少量しかない場合でも、椅子などを花台として使えば洒落た花活けになり得ます。床は花にとって個性際立つ演技ができる「劇場」のようなスペースだと思います。

［花活けについて］　庭で剪定したタイサンボクの枝を生かして作りました。それ以外の素材も野性味あるイメージで大胆に。床にはタイサンボクを切り取ったばかりの生々しい感じが出るよう故意に葉や実を転がしています。

# 玄関

「我が家」の第一印象を決定する玄関は、花を飾る空間に最適な場所だと思います。それほど広くない場合は、たくさんの種類を飾るよりは素材を絞りシンプルにまとめるか、「香り」「色」「形」に特徴がある気の利いた一輪を飾るほうが印象に残りやすいでしょう。人は玄関にいる時間がそれほど長くないので、その短い時間で印象に残る花活けを心がけます。

また、毎日通る場所なので、季節を身近に感じたければ旬の花を飾りましょう。春にはチューリップ、ヒヤシンス、スイトピーなど柔らかな優しい花、夏にはアジサイ、ヒマワリ、アンスリュームなど個性的で大きな花、秋には風にそよぐコスモス、そして、冬には赤い実のついたサンキライ、コットンブランチなどほっこりする花がお勧めです。もちろん、大きく広い玄関であれば、ダイナミックに季節の枝物を飾ってみるのも良いですね。

玄関は直射日光が当たらず比較的涼しく、ある程度空気の流れがあるので、花は長く楽しめると思います。一日の始まりと終わりを見守ってくれることでしょう。

［花活けについて］コーラル色のサンゴミズキとアマリリスで縦のラインを強調して飾りました。赤色が印象深い玄関になり、ONとOFFの気持ちを切り替えるスイッチの役割を担う花になりました。

# 形から考える

日本にフラワーデザインが最初に紹介されたのは、アメリカのフラワーデザインの理論をベースにした、ジオメトリックデザインのラウンドスタイル、トライアンギュラー（三角形）、Lシェイプ、フォーガスライン（S字型）などの花を使って輪郭を形作るデザインでした。誤解を恐れずにいえば、当時は花・葉物をジオメトリックデザインの面や線を作る部品として扱っていたように思います。曲がりくねって美しい茎を持つバラが手に入ったとしても、茎を短くカットして花部だけをアウトラインの形に沿って隙間なく空間を埋めていくようなスタイルがほとんどでした。適当な例えではないかもしれませんが、新鮮なマグロが手に入ったにも関わらず、刺身ではなくツナ缶に加工するようなものです。

今では素材の個性を尊重することが主流になっています。時代とともにデザインのスタイルが変わっても、形を構成するために必要なのは「線」を生かすことに変わりはありません。つまり、線が作った輪郭で全体の形という存在が現れるので、線の持つ力を考えることが重要になってきます。

その線を生かした花活けの最たるものは生け花ではないでしょうか。優れた生け花を見ると、その空間に花の「気」を感じるのです。「間」というものがあると、花と枝の線も生きてきます。「自然界には直線はない」といったのはオーストリアの画家でもあり建築家のフリーデンスライヒ・フンデルトワッサー。この世でたった一つの線を持った自然素材で形を作り、空間と調和しながら存在感のある花が作れたら、素材の配色が際立たない作品でも時として素敵になると思います。

私の理想は、フラワーアレンジメントの良いところと生け花の良いところをグローバルな視点で合わせた日本独自のスタイルです。フラワーデザインを始めるにあたって「形」から入ることは良いことです。自分が思い描いた場所に花をしっかり収めることは技術がないとできません。その後はより早く、常に一定の完成度のものを作れるようになりましょう。ただ、職人として花を活けるのであれば技術を高めるためにより早く、完成度の高い商品を作ることがゴールでも良いのですが、作品として素敵に活けたいのであれば形の習得と同時に独自の美意識と感性を磨き反映していくことが大切です。そのためには「急がば回れ」の気持ちで、まずは形をしっかり習得することが花活けの上達する近道です。

# ファン

クラシックスタイルの代表的な形です。お店の開店祝いなどでよく見かけるスタンド花の活け方と同じスタイル。この形で花を活ける場合、吸水性スポンジ内部にある見えない一点に花の茎が集中するように活け、輪郭が扇型になるように意識します。左右対称な形はシンプルでバランスが取れた印象を与え、厳格で静寂、権威などを感じる傾向があるので冠婚葬祭でよく使われます。

[使用花材]
レオノチス
ナズナ
アオモジ
ルドベキア
ラナンキュラス
ビバーナムスノーボール

一　吸水性スポンジ中心の最後部にレオノチスを垂直に挿す。花の長さの目安は器の高さに対して二倍より少し高い長さ。同様に左右にも挿す。この三本はアレンジメントの大きさを決める基準となる花なので集中してしっかり挿す。

二　垂直に挿した花の先端と左右二本の花の先端を、円を描くように結ぶことを意識しながらそれぞれの間に二本挿して計五本にする。この時、茎先が刺さっているスポンジの位置ができるだけ等間隔になるようにすると、花先も等間隔になる。

三　平面的な扇型のシルエットに立体感を出すため、先に挿した五本よりも花の頭が前方に傾くように挿していく。花の長さは傾きが強くなるに従って短くなるように適宜カットして調整。この段階でアレンジメントの骨格をしっかり完成させる。

四　ナズナ、アオモジ、ルドベキアを適宜扇型の隙間を埋めるようにまんべんなく挿していく。この時、これらの素材の二割を仕上げ用に残しておくと、この後に素材を挿すためのスポンジの空きスペースも生まれる。

五　ぼんやりと見えてきた扇型のシルエットに、丸い花を持つラナンキュラス六輪でさらに肉付けをする。視覚上で中心になる一輪を挿し、その花を三角形で囲むように三輪を、残りの二輪は左右外側に向かってボリュームを出すように挿す。

六　印象を少し明るくするためにビバーナムスノーボールを挿す。残りのアオモジやナズナなどもファンの形を強調するように足す。花と花ができるだけ重ならないように注意する。最後に花と器の一体感を出すため、柔らかい葉を垂れ下がるように挿して完成。

# フリーセント

ドイツ語で「流れるような、しなやかな、なめらかな」という意味を持つフリーセント。自然界には風や水が美しく流れる光景が多くあります。その自由な動きを感じるイメージをデザインする時に用いるスタイルです。

上下左右三六〇度、どの方向へも流れるように動きをデザインするためには、素材の個性を見極め、上手く選ぶことが完成度を上げるポイントです。

[使用花材]
カラー
羽衣ジャスミン(斑入り)
ミスカンサス
ベアグラス
スチールグラス

一　メイン素材のカラーを長さ、太さ、曲がり具合など見て選別する。曲がりが弱いものは両手の親指と人差し指で優しく握り、軽くしごいて矯めることで茎を緩やかな曲線にする。力を入れ過ぎると折れてしまうので注意。

二　選別したカラーの中で一番長く細く曲がりが美しいものをアレンジメントの最先端に花が来るように配置して、茎をしっかり吸水性フォームへ挿す。その後は少しずつ花の位置を器側にずらしながら挿していく。

三　黄色のカラーの長さを徐々に短くしながら花首を器に近づける。一番短いカラーは太くて真っすぐなものを選ぶ。カラーの茎の先が潰れてフォームに挿しにくい場合は、切り口を塞がないようセロテープなどで先端を巻いて強度を増すと良い。

四　次にオレンジ色のカラーを挿していく。注意したいのは、アレンジメントを横から見て花首の位置が水平に並んでいないことと、花同士が重なって二本が一本に見えたりしないようにすること。

五　黄色とオレンジ色のカラーの流れるような動きの中に、斑入り羽衣ジャスミンを挿していく。カラーとカラーの茎の間を縫うように絡めていき、先端はしっかりスポンジへ挿す。

六　複雑になってきたデザインに、ミスカンサスとベアグラスを挿すことで流れを強調する。最後に、ベアグラスより硬くて腰があるスチールグラスを作品の上を覆うように伸びやかに数本挿して完成。これにより作品に軽さが生まれる。

# フォーマルリニアール

植物の個性的な花、葉、枝、茎。その姿を直線、曲線、面、立体に置き換えてグラフィカルに対比させるように活けます。「素材と素材の空間を大切に保つ」「緊張感が出るよう素材と素材を思いっきり対比させる」「素材の種類は少なく花色も少ないほうが線と面の対比が際立つ」。日本の生け花に影響を受けた、植物の輪郭と線を強調するヨーロッパのデザインスタイルです。

［使用花材］
ボケ
トクサ
シンビジューム
レッドジンジャー
パフィオペディルム
アンブレラファーン
ムラサキシキブ
サラセニア
キウイフルーツ(蔓)
桐の花(蕾)
ベルテッセン
苔

一　ボケを垂直に挿す。ポイントは植物のユニークな線と形を魅せること。器の根元は苔と化粧石（装飾用の石）でシンプルにスッキリと仕上げる。吸水性スポンジを苔で全部覆わず、花を挿す中心部周辺は空けておくと後から挿しやすい。

二　トクサ二本を高低差をつけて垂直に挿す。最初に挿したボケの茶色がかった線に加え、質感と色目の違うトクサで「線」を強調することで中心線がしっかりと安定し、これから挿していく素材をより美しく魅せる効果がある。

三　視覚上中心的な役割を持つシンビジュームとレッドジンジャーを中段に花の顔（茎を持って花をいろいろな方向に回した時一番美しく見える向き）が表になるように挿す。この時、この二本の茎はトクサとボケの茎と平行になるように。

四　中心線から左側に位置するレッドジンジャーの葉と視覚上のバランスを取るためパフィオペディルムとアンブレラファーンを右側下段へ挿す。その後中心線上にムラサキシキブの実とサラセニアを挿して塊を作る。

五　横の空間を魅せる素材として、中心線から右側には桐の花（蕾）を伸びやかに、左側には個性的な動きのキウイフルーツの蔓を挿す。二つの茎が中段辺りまで立ち上がってから横に広がるように挿すと、根元がスッキリと見えて緊張感が生まれる。

六　最後に白いベルテッセンを中心線の一番前方下部にしっかり挿す。力強く上に向かっていく素材の中で、物思いにふけるように、花の顔を下に向かせる。その花が観る人に語りかけてくるようなイメージ。

# ドーム

世代を超えて愛され続けるスタイルの一つ。人は四角よりも丸い形を好む傾向にあるのでギフトデザインにぴったりです。最初に頂点の高さを決める花をしっかり中心に活け、後はそれを基準にしてドーム型を作っていきます。花器を回しながら花を挿していき、時々手を休めて輪郭がドーム型になっているかどうかを、真上や真横などさまざまな角度から離れて確認しましょう。

［使用花材］
アイビー
スプレーバラ
ラナンキュラス
カーネーション
バラ
スイトピー
エリンジューム
シャリンバイ
アカシア
ミディファレノ
ローズゼラニューム

一　吸水性スポンジをセットした器の淵に沿って、それを取り囲むように短くカットしたアイビーなどの葉を挿し、しっかりと器の淵を隠す。

二　ドームの高さを決める中央にスプレーバラを垂直にしっかり挿す。次にスプレーバラを水平に。挿す位置は時計の十二時、三時、六時、九時をイメージすると良い。

三　水平に挿した十字のスプレーバラの間を埋めるように、淡いピンクのラナンキュラスを四本挿す。この時、真上から俯瞰してラインが丸くなっているか確認する。

四　さらにラナンキュラスを四本足していく。最初に中央に挿したスプレーバラの先端と、水平に挿したスプレーバラの先端を結ぶ線の中間点に花を配置して、ドーム型が立体的にイメージできるようにする。

五　赤紫で複色のカーネーションと香りが良いバラをドーム型の輪郭に沿ってまんべんなく挿していく。これまでの工程でできた空間を花で丸く埋めていくように意識する。

六　アクセントになる紫色のスイトピーを入れる。その間にエリンジューム、シャリンバイ、さらに隙間をスモーキーグレイのアカシアで埋める。仕上げは小ぶりのミディファレノをまばらに入れ、ローズゼラニュームを器の縁近辺に入れて完成。

# パラレル

植物素材を平行に配置していくスタイル。装飾的なデザインの場合は、花の幾何学的な線や形などを意識してまとめ、自然的なデザインの場合は、基本的に素材は同じ環境で育つものを選びます。また、植生よりも自分自身が描いたイメージを優先して素材を合わせてみても良いでしょう。大切なのは、自然を注意深く観察して、リアルな自然の情景を越えた「いつわりの自然」を作ることです。

［使用花材］
ロシアンオリーブ
ダリア（ピンク）
ダリア（黒）
ラクスパー
アストランチア
ポンポンスカビオーサ
アジサイ

一　ある程度の本数をまとめたロシアンオリーブを三か所に挿す。正面から見て左右対称にならないように注意する。葉先も一方向に向かないように茎の曲がりを生かして挿す。

二　ダリア（ピンク）を三輪挿す。茎についた葉は花の一番近い物だけを残して取り除く。花の顔が平面なダリアを三輪全て真正面に向けると趣がなくなるので、花を斜にして圧迫感を弱める。また、高さも三輪全て違うように。

三　ダリア（黒）を三輪挿す。ピンクのダリアよりも大きいが、色の印象は控えめ。ピンク色が「陽」であれば黒色は「陰」の役割で使い、作品の前方、中央、後方と三段階に分けて横一列に並ばないようにする。

四　ラクスパー、アストランチアなどで中段を肉付けするように意識して挿していく。最初に挿したロシアンオリーブの縦のラインを強調すると良い。アストランチアの色が黒いダリアに同化しないように離して挿すと色合いに深みが出る。

五　ポンポンスカビオーサを挿していく。ピンクと黒のダリアで埋まらなかったスペースを探して、そこへ配置するように。特に他の花と違う色味を持つ淡いピンクの花は使用できる本数に限りがあるため、お互いを適度に離して高さも変える。

六　最後にアジサイを挿す。花の玉の大小を見極め、大きい塊は小さい塊よりも下へ配置する。それにより作品の視覚的重心が安定する。最後にラクスパー、ロシアンオリーブなどの脇枝を茎と茎の間へ挿し、吸水性スポンジをしっかり隠して完成。

# リース

永遠を象徴する形。一般的にクリスマスをイメージしますが、結婚式や葬儀などさまざまなシーンで使われるスタイルです。リースを飾る場合はドアや壁にかけることがほとんどですが、食卓に飾ることも多くあります。花だけで作ろうとせず、葉を多く混ぜて作りましょう。リースの内側の空間が花で埋まってしまうとシルエットが円盤の形に近づき台無しになるので注意が必要です。

［使用花材］
アイビー
スズラン
アジサイ
ダイヤモンドリリー
青リンゴ
羽衣ジャスミン

一　市販のリース型吸水性スポンジを準備する。室温の水で満たした容器の中に入れ、自然に浸かるまで待つ。アイビーは硬さのある節のところで短くカット、スズランの根元にテープを巻き、青リンゴの底面に爪楊枝を刺し、花の下処理をする。

二　下準備で分けたアイビーのパーツをまんべんなく挿していく。アイビーの葉先が色々な方向へ向くように意識しながら、スポンジの全体六十パーセントほどを覆うように隠す。

三　アイビーとアイビーの間にできたスペースへアジサイを小分けにして挿していく。リングの片方だけに偏ったり、一か所に集中したりしないよう最初に分量を四等分してから挿しはじめると花が足りなくなることを防げる。

四　下準備の時に柔らかい茎の根元をテープで巻いて強化したスズランを挿していく。リースを俯瞰して不等辺三角形の位置に三本を配置する。長さもすべて違うようにカット。

五　輝く花弁が美しいダイヤモンドリリーをスズラン同様にそれぞれの高さを変えて挿していく。そうすることでリズム感が出て、ライン上で踊っているような印象に。リースのイメージを壊さないよう注意して、自然に花が咲いているように茎を垂直に挿す。

六　下準備した青リンゴを結婚式の新郎新婦に見立て仲良く二個一緒に挿す。最後に羽衣ジャスミンをふんわりとベースより浮かせ気味に挿して空間を作り出し、軽くなるように仕上げて完成。

三章

# 花の魅せ方

良き演出家とは個性豊かな役者の持ち味を最大限生かすことができる人です。
一見すると短所でも魅せ方で持ち味になります。花活けをすることは、花を演出することです。
そのためには花の色に注目するのか、季節感なのか、それとも花以外の部位を主役にするのか、
何を際立たせるかが演出家の腕の見せ所です。私の作品を実例にご紹介させていただきます。

# 色で考える

花の色は複雑です。例えば、「ピンク」といっても、サーモンピンク、フューシャピンク、ベビーピンクと多くの色味があります。花の色を組み合わせる時、想像以上に多くの配色が考えられるのです。

花を「上手」に活けることと、花を「素敵な色合わせ」で活けることは微妙に違っていると思います。言い過ぎかもしれませんが、花を活けた経験や嗜みがなくても、配色のセンスがあればそれなりに素敵に活けられます。花活けにとって花の色合わせはそれほど重要なのです。色合わせのセンスは持って生まれたものだけではなく、努力して培うことができます。私が意識していることを簡単にお伝えします。

まず、花（素材）の奥底にある色を深く観ることです。例えば、赤いバラは一見しただけだと当然「赤」として認識します。しかし、バラには赤以外に花の裏側、萼《がく》、茎、葉などさまざまな色味で構成されています。さらに、花は生きているので時間の経過とともに色が変わっていきます。開花して間もない緑がかった花はだんだん色が抜けて枯れていき、その瞬間から同じ色はありません。また、周りの環境の光によっても花色は変わります。外の光で見る時も時間帯によってすべて違うし、室内であれば蛍光灯か白熱電球かによっても変わります。人は花の色を「見て」いますが、「観て」はいないと感じます。単純に考えるのではなく、さまざまな視点を持つことが、一味違った花を活けることにつながります。

花がどんな色を持っているかを深く知るためにお勧めの方法があります。それは、リラックスできる環境で時間をかけてじっくりと花一輪をスケッチすることです。写真ではわからない陰影や微妙な色合いを感じることができ、それを積み重ねて記憶の引き出しにしまっておくと、花を活ける時の色合わせに役立つはずです。もう一つは、日常ですれ違う人や出会った人の気になったコーディネートを観察することです。その人の服の色合わせを参考にするだけではなく、「なぜ素敵だと感じたのか?」と自問自答し、色の合わせ方に対する理解を深めると良いでしょう。

ただ、最近はあまり杓子定規に考えていると凡庸でつまらない色合わせになってしまうような気がしています。自分の得意な色合わせに満足し、新しい発見も感動もない退屈な花活けの繰り返しに陥っていないか? 作為的に考えるのではなく、直感で配色することは新しい花色の組み合わせを得るチャンスではないかと思うのです。ぜひ、唯一無二の個性的な花の色合わせに挑戦してみてください。

# 赤

どちらかというと赤い花は苦手な部類です。パッと見ただけで周りの色を圧倒するくらいインパクトがあるからだと思います。不特定多数の人にメッセージを伝える最高な色だと思いますが、そのような理由からプロポーズの花束や結婚式で両親へ贈呈する花束などでいつも使われています。

しかし、時代とともに私の赤い色に対しての認識も変化しました。赤の持つ「愛」「情熱」「積極的」などポジティブな面ではなく、「憎悪」「緊張」「怒り」などネガティブな面に焦点を当て、表現したい。お祝いの席でよく使われる赤い花とは別の一面をさらけ出したい。一歩間違えると、見る人の気分を害する不快なものになりかねませんが、赤い花を他の花と組み合わせて多種多様な表現ができることは、花を活ける醍醐味だと思ったのです。

左頁のデザインで特に意識したのは、青味がかった冷たい印象を持つバラを選んだことと、曲がりくねった茎で蠢いた感じを出したこと。スタンダード咲きのバラだけで作ると茎が太くて表現できないので、スプレー咲きのアンダルシアというバラを使いました。赤い花の別の一面をご覧ください。

# 青

時間を忘れて見入ってしまうくらい大好きな色です。特に気分がスッキリしない時に青い花を数本飾ってみると、心が落ち着き穏やかになります。

青色は春夏の印象が強く、冬には人気がないように思います。へそ曲がりの私は、この青色を冬のイメージにするために、まずはシアン寄りの冷たい青を選び、合わせる葉物は深い緑かグレイ系の葉を使って、寒い冬をもっと寒く感じるよう重厚感あるデザインに仕上げました。海の青も空の青も手の届かない唯一無二の領域にある色ですが、青い花は私の花活けにとってかけがえのない色なのです。

左頁は愛着のある青い花を使った作品の一つです。どうしても使いたかったチランジアのキセログラフィカは、パイナップルの仲間で樹木や岩などに着生しています。艶のない鈍いマットな質感を持つライトグレイの色合いと深みのある青色のバンダという洋ランを合わせました。最初に出来上がったこの作品を見た時、宇宙から見た地球の姿に見えました。

# 茶

「枯れた」「くすんだ」花として、ウェディングを飾るのに敬遠されていた茶色。今は人気色になって、花束やアレンジメントにニュアンスをつけたり、アンティークな雰囲気を出したりするための必須花材になりました。

どの色にも馴染み、汎用性が高いので私も大好きです。なぜ汎用性が高いかといえば、大地に根を張った植物のカラフルな花色と土の茶色が一緒になったビジュアルが脳内に記憶されているからではないでしょうか。普段私は茶色の花が地味な割に高単価なので、少量をアクセント程度に使います。ただし例外も。秋も深まった十月下旬から十一月中旬は、茶色のトーンで九割、他の色を一割でまとめた商品を積極的に展開します。いつもは脇役の茶色が主人公になるかけがえのない季節です。

左頁の作品の素材はすべてドライです。仏手柑《ぶっしゅかん》という柑橘や変形したミニカボチャも入っています。ドライフラワーで作品を構成する場合は、市販されているものに手作りで乾燥させた個性的な素材を組み合わせることで、独自性があるものが作れると確信しました。

# 白

どの色の花が一番好きかと聞かれたら、「白」と答えます。長年携わってきたウェディングの飾りつけでも流行に関係なく人気のある色です。私は新しいことを始める時や気分を一新したい時、白い花を飾り、心のゴミ箱を空にするようにしています。また、白には彩がないことも魅力です。モノクロ映画のように色がないからこそ、花の繊細な輪郭やテクスチャーが印象的に引き立ちます。

その白い花を一番輝かせて見せるには、他の色の花と混ぜないで、葉物か実物だけと合わせるのが良いと思います。例えば、純白の場合は、濃い緑かスモーキーなグレイ系の葉でまとめるとより透明感が増します。少しクリームがかった白の場合は、優しい緑も素敵です。

左頁の作品に使ったメイン花材の白いクレマチスは、古くから愛されている蔓性の植物です。それぞれの間隔が等しくならないよう、花の顔が同じ向きにならないよう微妙にずらして配置し、色のバランスが取れるよう小花で調整しました。白い花で覆われた「秘密の花園」をお楽しみください。

# 季節で考える

花の仕事をしていると、一年があっという間に経ちます。春の入学式に間に合うよう蕾で入荷した桜が開くかどうか心配していたのに、いつの間にかポインセチアの水切れが気になる冬になっていた、なんてことも。半年先の旬の花を使ってその季節を演出することが日常茶飯事なので、季節感がおかしくなる仕事だと思います。

一般的に花屋には季節に先駆けて花が入荷します。まだ冬の肌寒い二月の店頭ではチューリップ、スイトピー、ヒヤシンスの香りに満たされ、五月には夏に先駆けアジサイ、ヒマワリに元気をもらい、八月下旬にはコスモスなどの草花、そして、十一月も終わる頃にポインセチアや冬の花も店頭に並び出します。このように目まぐるしく変わっていくので、一年が早く感じるのでしょうか。

しかし、花の仕事をしていなくても、身近な自然にアンテナを張っていれば季節を感じることはできるはずです。

例えば、毎日通う通勤途中の道端に咲いている草花に目を向けると、季節の一コマが楽しめます。春はタンポポ、レンゲソウ、夏はドクダミ、タケニグサ、秋はススキ、セイタカアワダチソウ、ススキ、冬はほとんどの植物が枯れ朽ちる時期ですが、スノードロップの名前を持つ白い花や香しい梅などは冬に愛でることができる花です。何気ない日常では見落としがちですが、探してみるとさまざまな草花を見つけることができると思います。

地球温暖化の影響なのか、春と秋の期間が短くなって一年の内で夏の占める割合が長くなったように感じます。

特に冬の最低気温が高くなったため、今まで東京の屋外で越冬できなかった植物が枯れずに春を迎える姿を見かけるようになりました。日本は温帯ではなく熱帯になりつつあるのかと危惧します。春夏秋冬の区別がはっきりしている国といわれてきましたが、それが徐々になくなっていくのは寂しい限りです。

季節感を感じにくくなってきた今だからこそ、花を使って積極的に季節を感じることができればと願います。

# 春

花屋の店頭で一番多くの種類の花が揃うのは春ではないでしょうか。球根類から花木まで幅広く生産地から出荷されてくるので、気持ちも自然と高揚します。

　春の花を活ける時に特に意識することがいくつかあります。その中でも「色」は重要な要素です。私が好んで使う色調は、平凡ではありますが、一般的にパステルカラーといわれる中間色を中心に花色を合わせることが多いです。

　また、春は枝物が持つダイナミックな枝ぶりを生かす絶好の季節です。愛おしい木々の先端が光を求めて手を伸ばしているような健気な様子を意識して活けることを心がけています。冬の間じっと我慢していた花木の蕾がいっせいに開く時の「気」を感じることができるのもこの時期ならではの愉しみです。

# 夏

五月に入ると陽射しも変わり、夏の気配を感じます。この時期の花活けには、アジサイとデルフィニウムは大好きで外せない花です。アジサイを複数まとめる時は、花同士の間隔を大切にして立体的になるように心がけています。デルフィニウムは縦のラインを最大限に活かすと少量で様になります。夏の代表格といえばヒマワリやアンスリュームがありますが、花の顔が「平面」の両者は、全部を真正面ではなく、数本は斜に活けるとその表情が生かせます。

ドウダンツツジなど夏の枝物を活ける時は空間を大切にして詰め過ぎないようにしましょう。葉物は楚々と一定方向に向かって活けると、爽やかな「風」が吹いているようで一服の涼を感じます。深い緑の大きなモンステラをダイナミックに活けるのも夏を感じる花活けです。どの素材にしても、植物が一番立派に育つ季節の、自然が放つ力強さを感じさせるようなものを心がけています。

# 秋

歳を重ねていくごとにこの季節が好きになっていくように感じます。特に晩秋は、植物が日毎に侘びていく感じが人の一生と重なります。普段は主役になり難い「地味な色」を贅沢に使うことができるのもこの時期ならでは。このような色目の花をメインにする時、全体の一、二割に使う原色は全面に出さず、できるだけ奥に物陰から覗いているように活けています。

もう一つ秋に外せない花は、グラデーションを持つ素材です。その中でも特にアジサイは好んで使います。秋の末枯《うらが》れたアジサイの色合いは同じものが二つとない花で、いつまでも見ていられます。紅葉した枝物も葉のグラデーションが美しいので枝ぶりを生かして空間を作り、秋風を感じるように使います。花を飾る時間がない場合は、拾った枯葉や木の実をさりげなくテーブルに転がして小さな秋を感じてみてください。

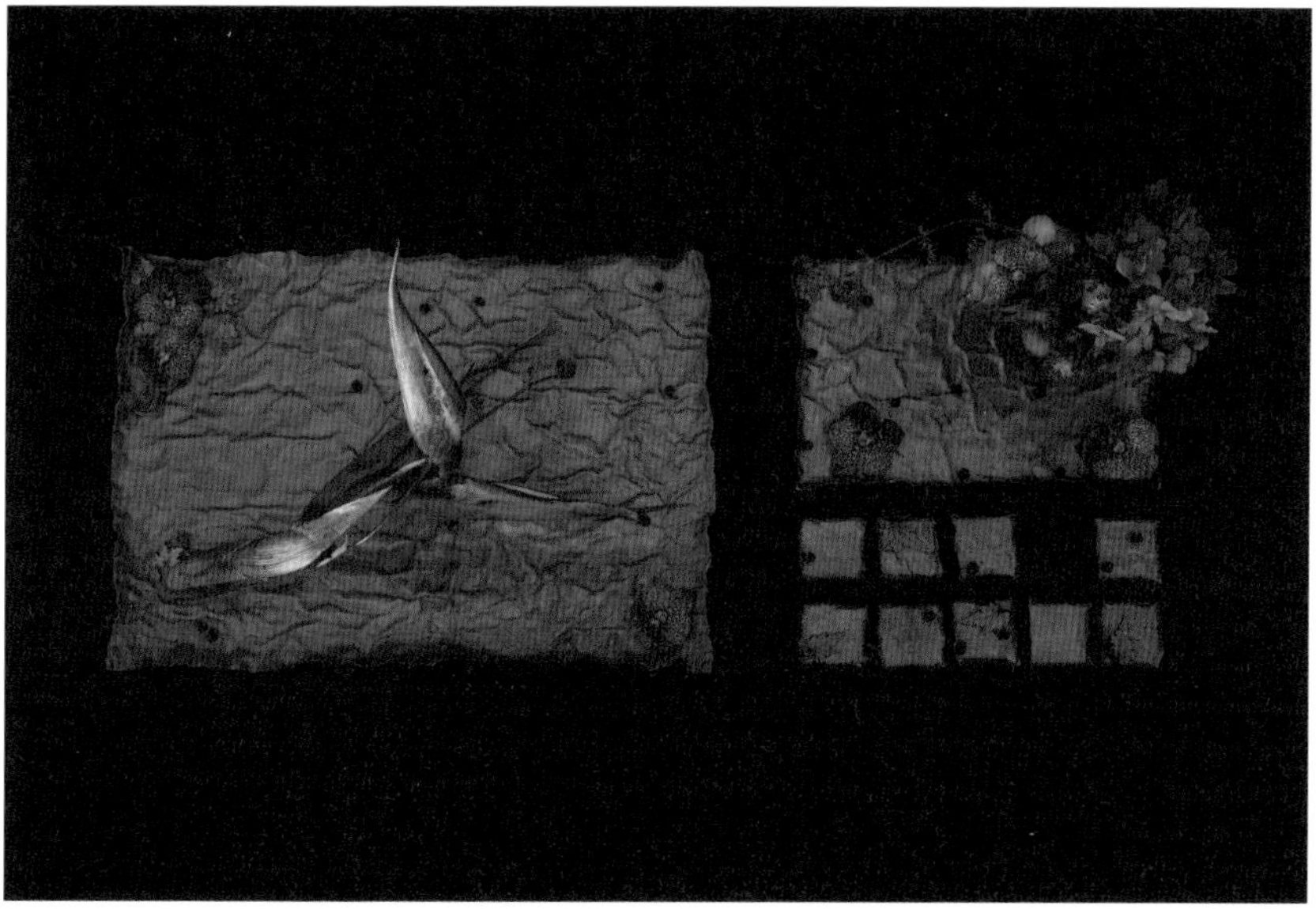

# 冬

多くの植物にとって冬は終点ですが、春に向かって休眠中の花や寒さの中で凛として咲く花もあります。この時期には、温室栽培や世界各地から集まる花を使って、沈みがちな気持ちを少しでも明るく前向きに変えるように色合いを考えます。特にピンク系の花は気持ちを高揚させてくれるので多く使いますが、春とは違い落ち着いた雰囲気にするためにグレイッシュなユーカリ、ビバーナムティヌスの艶っぽい黒い実などを合わせます。また、白い花は冬の静寂な空気を表現するためには欠かせません。花弁もユーチャリス、シクラメンなど薄いもののほうが高貴で優美な雰囲気を感じます。

冬の枝物でよく使うのはウンリュウヤナギやサンゴミズキなどユニークな線を持つ素材です。籠や簾を編むように造形的に作り込んだものに一輪の花を楚々と活ければ、冬の静寂を感じる幽玄で趣がある花活けになります。

# 部位で考える

ちょっと言い過ぎかもしれませんが、私は毎日殺生をしています。花の仕事は生活の糧を得るためとはいえ、土に植えた状態から切り取った花の命をいただくことで成立します。後ろめたいというより、生産者の方が丹精込めて作った植物全ての部位を余すことなく生かすのが私のできることではないかと、年齢を重ね仕事を続けていく中でおぼろげに感じていました。そして次第に、商品ではなく自己表現の素材としてならば花以外の部位も魅力的ではないか？　普段は花に隠れて縁の下の力持ち的存在の「葉」「茎」「実」などにスポットライトを当てることで、枯れ落ちて捨てる運命にあるこれらも作品を作るために欠かせない重要な素材になり得るのではないか？　と思うようになりました。

私は芭蕉の葉を好んでよく使います。芽吹いたばかりの芭蕉は葉が筒状になっていて色も少し初々しい緑ですが、時間とともに黄昏色へ変化し、最後には枯れて侘びた茶色に。通常花屋では枯れかけて黄色くなってきた段階で商品価値がなくなったと判断され廃棄されますが、それと何かを新たに組み合わせることで新しい表現ができるはず。茎も市場価値の観点で判断すると、太く長く真っすぐなものが高値で取引されますが、一筋縄ではいかない湾曲した茎や一度折れ曲がってもなお立ち上がる茎は、存在自体が人間の生き様を見ているようです。実は植物が次の世代へ命を紡ぐ最終の形態であり、動物の目に留まるよう豊潤な魅力を振りまくので、花色のグラデーションよりも艶やかな色の移ろいを感じます。葉、茎、実をメイン素材で贈呈用の商品として販売するのは容易ではないと思いますが、花を使わないこと、最小限に抑えることでメッセージ性が強く引き立ちます。これらの作品は自分自身と気心知れた仲間内で観て楽しむことはできますし、そのほうが記憶に残る面白いものになるかもしれません。

一流の板前は仕入れた魚をさまざまな方法で使い切り命を粗末にしません。花を扱う時、その植物を最大限生かし切るには、花だけに目を奪われず、それ以外の部位で何か表現できないかと常日頃考えることが大切です。簡単なことではありませんが、手を動かしたりデッサンでイメージしたり、試行錯誤をしていればきっと神様が素敵なアドバイスを届けてくれるはずです。

# 葉

通常花を活ける場合の順序は、まず花を選んでからそれに合わせる葉を選びます。特に仕事では葉よりも花に重きを置いてデザインを組み立てますが、これはお客様にとっての主役は花であって葉は脇役だからです。しかし、この順序で花を活けるとどうしても型にはまってしまいます。そんな時は、最初に葉を選ぶと今までと違った思考回路になり刺激になるでしょう。葉から作品を考える場合、少ない色数ですが注視すると絶妙な色を持っています。深みのある緑を持つ椿、目に優しい緑のローズゼラニューム、皮のような質感で深いワイン色のニューサイラン。それぞれの持つ個性を生かすも殺すも活け手の器量次第ですが、楽しみでもあります。

左頁の作品は金木犀の葉を何枚も重ねて作り上げた土台に、花弁の輪郭が波打っているバラを使って創作しました。葉は枯れても乾燥した場所であれば長く楽しめるのでオブジェのように飾るのも良いでしょう。もちろん季節によって、新緑から紅葉まで変化する「生きている」一本の枝についた葉の美しさも忘れてはなりません。

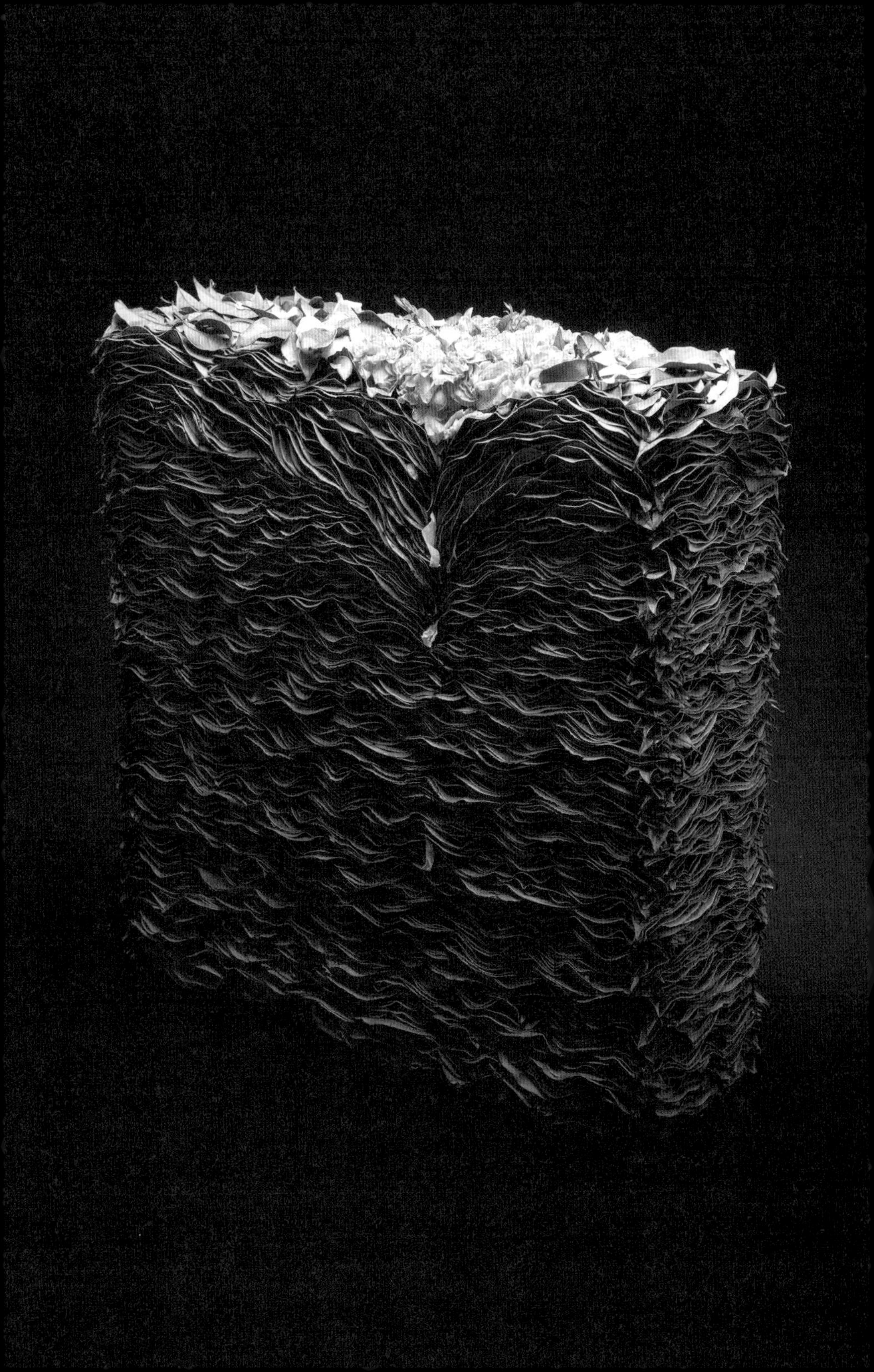

# 実

枝に成った実を使う場合は、自然の周期でいつ実をつけるのかを考えて、イメージする色合いの花を選びます。例えば、夏に結実するブルーベリーの実がついた枝を活ける時は、その時期に咲くヒマワリを合わせ、十月頃に実をつけるツルウメモドキは、秋のイメージを持つ石化鶏頭、コスモスなどが馴染むでしょう。旬の素材同士は間違いのない組み合わせです。

実という素材は枝についた状態で店頭に並ぶものもあれば、実そのものとして販売されるものも少なくありません。私は時々デパートなどの野菜・果物売り場を素材探しの一環として訪れます。花屋で入手できる季節の実物も、食品としてパッケージに収まる果物も、私にとっては創作する素材に変わりはありません。パプリカの艶のある原色は花では表現し難い魅力的な素材ですし、アボカドのゴツゴツした質感の鈍い黒も捨てがたい存在です。

枝から切り取られた果物や野菜は食べ物の認識があるので飾るという考えには普段至らないですが、何かの時にふと思い出してみるとインスピレーションが浮かび、創作のヒントになると思います。

# 茎

通常高値で取引される花は、花の頭が大きく、茎が太長く曲がりのないものです。そのため、市場に出荷される花の茎は真っすぐでお行儀の良いものが大半を占めます。バラなどは企画された商品に使う頻度が高いのでわからないでもないのですが、風情がある草花にもその基準が当てはまることが時々あるので、私の価値観とギャップを感じることがあります。しかし、十～二十本と一つに束ねられた中からでも、真っすぐでない捻くれた規格ギリギリの花を見つけることも可能です。たった一本しか使うことがないにしても、私だけの一本を選ぶ手間を惜しんではいけないと心に留めています。

ワイヤーを茎の空洞へ入れたり沿わせたりしてラインを矯正することもありましたが、今はできるだけ花にダメージを与えないようにと心境が変わりました。ただし、アマリリスやデルフィニウムは花の重さで茎が折れてしまう場合があるので、適宜補強することは今でも実行しています。

花屋で陳列されている花の中でも、よく目を凝らせば絶妙な線を持った宝物に出会うチャンスはあるので、一本一本見極めることが大切だと思います。

# 物語から考える

見るたびにその人を思い出す花が私にはあります。白い山ツツジです。母が台所に活けていた情景が目に焼きついて離れません。他人からすればただの花ですが、私にとっては特別な花です。

人は遠い昔から花に思いや願いを込めてきました。花言葉など直接伝えにくい愛の告白や心の奥底に秘めた真意を花に託し、人と人とのコミュニケーションの手段として使ってきました。また、日本には「立てば芍薬　座れば牡丹　歩く姿は百合の花」という、三つの花を女性に見立て、どんな時でも美しい女性の容姿を例えたことわざがあります。花を見て人を連想することや、花の個性にぴったりの言葉で人を例えて表現することは、洋の東西を問わない事実ですね。

花は一本でも物語ってくれますが、それ以外の素材も、それぞれの物語を紡いでくれます。例えば、捨てられる運命の枯れた葉や虫が食った葉を作品として利用すれば何かメッセージを発することができますし、また、曲がりくねった茎や独自の形を持った個性豊かな花を集めれば心に沁みる物語を創作できるでしょう。花を選ぶ時はお芝居と同じように主演の花をキャスティングします。例えば、情熱的な物語にしたい時は深紅のバラを主演に、少しサスペンス的な要素をプラスする場合は棘も取らずに残したままにするのも良いでしょう。次は相手役を選びます。少し存在感があって武骨なシロシマウチワの葉などは色合いもバラを引き立てるのにぴったりです。最後は脇役を固めますが、ここで手を抜くと作品の完成度が上がらないので慎重に。ミステリアスなイメージを強調するにはスモークツリーなどが良いと思います。

このように多種の花を使えば自ずと物語ができるのですが、究極の花一本を選んでも、名優が一人芝居を演じるように素晴らしい物語を紡いでくれると私は思います。ただ、その場合は絶妙なバランス、花の向き、花器の選定などより繊細さが求められるので、簡単そうで難しい花活けです。

いずれにしても、創作する時は花の声を聴くようにしています。物いわぬはずの花たちが、時間とともに饒舌になり語りかけてくれるのです。植物同士が出会い、そして、私と植物が対話することで紡がれる特別な物語を作る時は至福の時間です。花を活ける一瞬一瞬に思いを込めて。

# 再生

「再生」とは字の如く、一度役割を果たし廃棄されるようなものを再び生まれ変わらせることです。私は花屋が見向きもしない枯れ朽ちた素材が大好きです。いずれ何かを作ってみたいという密かな夢を見ながら、それらは棚の中で大きな存在になっています。主に捨てられないのは、短期間で大量に使われ商品価値がなくなってしまった花、茎、葉などです。

仕事で多くのお客様が滞在するパブリックスペースの装飾を季節ごとに担当することがあります。ほとんどの生花は三日くらい経つとダメージが出始め、メンテナンスを頻繁にすることで美観を保ちますが一週間が限度です。そうすると一挙に数百本の花が廃棄されるので、私はその花を捨てずに取っておきます。もちろんそのままで保存すると腐ってしまうので、乾燥させて保存しておくのです。

左頁の作品は千本近いヒマワリの花びらを流線形に使い、一輪の糸菊を眼球のように活けました。人間が道を外れて自然からの宝物である花を冒涜しないように監視している、という思いを形にしました。

# 連れ添い

人という動物は一人では生きにくいものです。ほとんどの人は、夫婦、パートナー、兄弟姉妹、親子、友達などとの関係を大切にしています。

私は作品の構想を練る時に花を擬人化し、関係性を表現できるよう二つの花で構成を考えることが多くあります。花を並べて複数の構成にしたほうがメッセージが伝わりやすいからです。左頁の作品を作ろうと思ったきっかけは、友人の所有する竹林でタケノコを取りに行った時のこと。鬱蒼とした竹林にそそり立つ青い孟宗竹や中途半端に伸びたタケノコなどが目に入ってくる中、私が一目惚れしたのは枯れた竹でした。見惚れているとある思いが沸き上がりました。それは故郷にいる苦労をかけた両親のことです。侘び色に経年変化した竹は、若い竹にはない人生の浮き沈みを醸し出している風情がありました。その竹を使って両親へのオマージュとして作品を作りたいと思いついたのです。夫婦の理想である一心同体を表現するために竹一本を半分に割り、そして、開花した花ではなく熟した果実を中心にしました。個人的な感情で創作した私だけの物語。長年連れ添った両親を偲んで。

四章

# 花にまつわる話

この世界に人間と花は同等な「生き物」として共存しています。感情を持った人間は、感情を持たないと思われる花に対して、自分勝手に擬人化して物語を紡ぎ、さらに、伝えにくい感情表現を花に託してコミュニケーションの道具として使っています。私たち人間にとって大切なパートナーである花という生き物について、ほんの少しだけお伝えできればと思います。

# 花と人間の関係

「花より団子」ということわざが日本にはあります。腹の足しにならない花を愛でるよりも、生きていくために大切なのは食べること。誰しも空腹時に「花」と「食べ物」を差し出されたら、ほぼ間違いなく食べ物を選ぶのではないでしょうか。

花の元来の目的は、室内に飾られることや花壇に植えて鑑賞されることではありません。子孫を残す過程で花を咲かせて結実するために存在するのです。魅惑の香りや色鮮やかな花びらは、すべて虫や鳥たちを誘惑する手段。わかりきったことですが、人に喜びや感動を与えるために咲かせるわけではないのです。

今でこそ当たり前のように慶弔の時や、また、日常の暮らしを豊かにするものとして重宝されている花ですが、人類がこの世に誕生後いつ頃から特別な存在として意識されたのでしょう？

一九五〇年代中頃、イラク北東部の巨大な洞窟で発掘されたネアンデルタール人の遺骨数体の周りの土から、他の場所よりもはるかに多い、数種類の花から零れ落ちたと思われる花粉や枝の細片が発見されました。遺骨が見つかった奥深い洞窟はそれらを虫や風や動物が運べない場所であるのになぜ？その疑問に対して、枝は遺体を乗せる寝床として使い、花は死者に対して手向けたのではないか、という仮説を唱えたフランスの考古学者もいました。

タイムマシーンがあれば真実を見に行きたいところですが、それは叶いません。当時の人は花を見て「きれい」「癒される」「良い香り」「生命の力」などの魅力を感じていたのではないか？　花が一定の周期に基づき生長、開花、朽ちる過程に神秘的なものを感じ、生から死を繰り返し再生する特別な存在として意識していたのではないか？　私なりに色々と想像してみましたが、今から五万年前の遥か昔に、原始人が死者に花を供えた理由を知る術はありません。

時は移って現代でも、身体の栄養にはならない花を鑑賞して癒されたり、直接言葉でいい表せない気持ちを花束にして伝えたり、希少な花は信じられない金額で取引されたりと、花それぞれに意味や価値を持たせています。

世の中がどう変わろうとも、「花より団子」ではなく「花も団子も」生きていくためには大切だと思います。

# 花と絵画

画家のビンセント・ヴァン・ゴッホ※1は、生涯に多くの『ひまわり』を描きました。一度見たら忘れられない彼独自の絵画。壮絶な人生だったと想像しますが、永遠に記憶に残るひまわりを描いてくれたことに心から感謝しています。

日本の画家で思い浮かぶ花の絵といえば、尾形光琳が描いた紅白梅図屏風。強い情念を感じる紅白の対峙する梅の老木。静かな緊張感の中、意匠的に描かれた水流を挟んで立つ二本の梅が愛し合う男女のようにも見えます。

素晴らしい絵画は鑑賞者の想像を無限に掻き立て夢中にさせてくれます。多くの画家が枯れ朽ちていく花の美しさを永遠に留めようと作品にしました。一方、フラワーデザインの作品も主題は「花」ですが、生花を使っているので時間とともに枯れ朽ちていき百年後には存在しません。何とも寂しい限りです。

こんな私でも、稀に自画自賛したくなるような出来栄えの花を活けることがあります。一生に一度の結婚式で装飾の仕事を受けた時、私のセンスにお

※1　彼は南仏アルルで暮らした十年の限られた時間で数点のひまわりの絵を残した。ゴッホは芸術家による共同生活を夢見てゴーギャンとアルルへ移り住んだが、精神的に追い詰められた彼は、衝撃的な最後を遂げた。その短い人生で彼の描いたひまわりは生命力に満ちあふれ、画面の中から南仏の光と影を感じるような花の絵画として永遠に光り輝くことになった。

任せしたいという依頼がありました。悩みに悩んで創作したものが想像以上の出来栄えで、お客様は涙を流して満足され、私自身も感動したのもつかの間、用意周到に準備して作った装飾が結婚式のお開きと同時に半日間で跡形もなく消えてしまいました。花の装飾を永遠に残すことが不可能だとわかっていても、何年経っても愛され続ける画家が描いた花を羨ましくも思っていたのです。

しかし、齢を重ね、子どもにも恵まれたことで心境が変わりました。それは、彼が私の仕事に興味を持ってくれたことがきっかけです。生花の作品は枯れ朽ちていく儚い芸術ではありますが、美術館に行かなくても我が子や他の誰かとともにわかち合い、そして、楽しむことができます。そのことに気づいたのです。

また、生花を使えば、誰しもが独自の感性で偉大な芸術家を越えることができます。ゴッホのひまわりの絵画は買えませんが、「生きた」ヒマワリにはそれとは違う魅力があります。ゴッホでも光琳でもないあなた自身が、花でアートを創作してはいかがでしょうか。花活けは一期一会の芸術だと私は思うのです。

# 異国で始まった花の仕事

花が大好きな人、親が花屋の経営者など、花屋になる人のタイプは数通りありますが、私はそのどれにも当てはまりません。異国ブラジルで「生活の糧」を得るため、花屋としてのキャリアをスタートさせました。

十代の頃はアメリカの音楽やファッションに興味があったので北米に憧れていて、海外に永住に近い形で滞在したいという思いがありましたが、グリーンカード（永住権）は簡単に手に入りません。悩んでいる時にリオデジャネイロに数年滞在したことがある知人からブラジルの素敵な話を聞かされ一念発起、ＪＩＣＡ（一九八四年当時の国際協力事業団）の研修機関でバラ栽培の農業実習を終え、永住権を得てブラジルへ渡航しました。日系人のコロニアでイタペチという街のセントポーリア栽培農家にて、簡易な温室を作ったり花の出荷をしたりと数か月間手伝った後、ある時パトロン（雇用主）に呼ばれこう告げられました。「あなたは田舎で暮らして農業で独立するには向いていない。街へ出て商売するほうが良い」。私の思いを見透かされているようでビックリしたのを覚えています。そして、彼から「私の娘婿が手放した花屋を日本人一世が引き継いで経営しているので働いてみては?」と、夢のような提案を受けたのです。

生産者としての生活に別れを告げ、日本人(一世)と二世のご夫婦が経営する花屋で働き始めました。場所はサンパウロ市の中心から離れた下町っぽい雰囲気があるペーニャという街の公設市場の中にありました。市場の中には野菜、果物、肉、魚、雑貨、簡単な飲食ができるバールなどが混在していて、お客様は庶民的な明るい人が多く、私にとってはこの環境が言葉を覚えるためには非常に良かったと今でも思います。

「習うより慣れろ」というオーナーの方針で、ブラジル人の生活習慣、ブラジルの法律や車での花の配達など、未経験の私になんでも経験させてくれました。しかし、その店のフローリストでブラジル人のジョゼは仕事を奪われることへの警戒心なのか、一切の仕事を教えてくれませんでした。私は彼の行動の一挙一動を食い入るように見て仕事を頭に叩き込みました。彼がアレンジメントを作る時には何を準備すれば良いのか、お客様から花束をオーダーされた時に何をサポートできるのか。そんなことを考えながら仕事をしているうちに、自分でもフラワーアレンジメントや花束を作ってみたくなりました。最初は廃棄するような花を使い、作っては壊し、また作っては壊しの繰り返し。古典的で幾何学的なスタイルのドーム型、円錐、三角錐、四角形、扇型、L字型を練習に作っていました。私はもともと手先が器用で、ものを作るのが苦にならない性格だったので、手前味噌ですが、ジョゼよりほとんどの型が正確にできるようになっていました。

花の技術は半年ほどである程度習得しました。一方、言葉を使う接客技術も日進月歩で楽しみながら覚えていきました。この頃から冷たい態度だったジョゼも色々教えてくれるようになり、彼が接客していれば横にぴったりついて会話を聞き、途中でわからない単語が出たら帰宅後に辞書で調べて覚えていきました。もともとブラジル人はおしゃべりで親切な人が多いので、日常会話の上達は早かったと思います。花を購入するお客様が、言葉がおぼつかない私に「花が開きすぎているから少し安くして」とか「花弁にシミがついているからまけてくれない？」とか色々難癖をつけて金額の交渉をしてきたことも言葉を覚えるには良いトレーニングだったのでしょう。

そんなことを繰り返し、一年があっという間に過ぎていった時、昔から好きだった手を動かしてものを作ることを極めて、自分の能力を向上したいという欲が出てきました。思い立ったら吉日です。すぐにサンパウロ市の中心で営業している花屋を見て回り、その翌週にはパウリスタアベニュー近くのパンプローナフローリストという花屋で働く手筈を整えました。折角慣れてきた仕事を捨ててまで新しい店に行くことは不安でしたが、マンネリな気持ちのまま続けるのも失礼です。お世話になった日本人夫婦とお別れの挨拶を交わして、ジョゼに感謝の言葉を伝えると、彼は私に抱きつき「Good luck

（幸運を）」といって涙を流してくれました。ここで花屋としての経験をスタートできたことは、私にとってグッドラックの始まりだったように思います。

感傷にふける暇もなく働き始めた二軒目の花屋はドイツ人二世と日本人の共同経営。裕福なお客様が多く、新しいトレンドの商品を求める傾向がありました。当時のブラジルのフラワーデザインはヨーロッパからの影響を受けており、ボリューム満点で派手なアレンジメントがほとんどでしたが、日本人が文化として広めた生け花が目の肥えた富裕層に徐々に浸透してきた頃で、その要素を取り入れた空間を生かしたデザインが店頭に並ぶようになっていました。私には生け花の嗜みはなかったのですが、切り花の仕入れを任されるようになりました。

花の仕入れをするため、午前四時頃に起き、フォルクスワーゲンの「コンビ」というアルコールで走るバンに乗り、サンパウロの中央卸売市場「セアザ」へ毎週二回通っていました。二十代の私は早起きが苦手で、特にサンパウロの冬（八月）は寒いので辛かった記憶があります。朝一番に漂う、エンジンのかかりにくいアルコール車の排気臭が今では懐かしい思い出です。市場での買いつけはオークション方式ではなく、市場の区画を借りた生産者がトラックの荷台で花を販売していました。セアザ市場はブラジル各地から集まってきた、カーニバルの派手な衣装と同じ賑やかな原色の花で埋まります。私が働いていた花屋は市場に到着したらまずは入手困難な花を予約します。

高級住宅街にあったので、高価でも他の花屋では見たことがない花や長く愉しめる花を揃えるようにしていましたが、それは限られた生産者からしか出荷されないので、花屋同士でよく取り合いになりました。

花の生産者は日系人かオランダ系の移民が多く、サンパウロでは珍しい花の多くは彼らが栽培していました。当時まだブラジルで流通していなかったトルコキキョウや宿根カスミソウなどは日系人が種を日本から持ってきて栽培・出荷していて、彼らの独占市場でした。花の仕入れは日系人相手だと半分日本語で交渉できますが、オランダ人相手だとそうはいきません。当時ブラジルでは珍しい黄色のスカシユリを出荷していたオランダ人のハンス（おぼろげな記憶です）のブースに毎回朝一番に行き、陳列されたスカシユリを買おうとすると、彼は決まって「売約済みだ」と答えるのです。いくら何でもそんなに早く売れるはずはありません。色々考えた結果、まずはハンスと友好的な関係を築こうと思い、彼の行動を観察しました。あくる日、ハンスのもとへ行き、彼の母国語のオランダ語で「フッデモルヘン」と笑顔で挨拶したら、彼の無表情な顔が一瞬変わったので、今がチャンスとばかりに携帯用のポットに入れたコーヒーとピーナッツを差し出すと、彼は満面の笑みに。それ以来、スカシユリの話は我慢して、彼と一緒にコーヒーを飲み、ピーナッツを食べながら贔屓のサッカーチームの話などでひと時を過ごしていたある日、彼から信じられない言葉が。「今日はスカシユリがあるけど持っていくか?」」。嬉しくて走り回りたかったけれど、彼を昼食に誘ってホットドッグを一緒に食べていた時には、もうスカシユリのことはどうでもよくなっていました。こうやって、仕入れの術を現地で学んでいきました。

花屋にはいろんな方がいらっしゃいます。開店時間は七時と早かったのですが、毎週火曜日の開店と同時に来店する男性のお客様がいました。そんなに裕福な印象ではないけれど、清潔な身だしなみで笑顔が素敵な方で、決まって「一本のバラの蕾をいただけますか」とオーダーするのです。店の客層とは違ったお客様だったので、「毎週バラの蕾を一本お買い上げですが、どなたにプレゼントされているのですか?」と質問すると、彼は「私の最愛の妻に」と間髪入れずに満面の笑みを浮かべて答えてくれました。愛する人のために毎週バラを買って帰る行為が当たり前のように存在することに驚きと憧れを感じたものです。

ブラジルに住んでいたのは三年という短い期間でしたが、価値観が違う国で働いたことは人生において貴重な経験でした。生活の糧を得るためとはいえ、手に職もない私がこの国で生きてこられたのは、情愛に満ちあふれたブラジルの人々の支えと、私に少しの行動する熱意があったからではないかと思います。これからも頭で考えすぎて悩むよりも行動することを大切にしていくつもりです。

# 花の師匠

特定の人に師事をした経験がない私は、長い間、結婚式の花装飾を職業としていました。

働き出した最初の頃は、失敗を恐れて無難なデザインになりがちだったのですが、それは、「奇抜で斬新なデザインにすることでお客様や結婚式に関わっている関係者全員に迷惑がかからないように」と先輩にいわれてきたことが影響しているように思います。新しいデザインよりも一度施工したことのあるデザインのリピートは効率的で、予算から逸脱することもなく安心でした。しかし、この考えを否定するわけではないのですが、いつしかこの状況にフラストレーションを感じるようになりました。

そんな時、千利休と豊臣秀吉の夏に咲く花の代名詞「朝顔」にまつわる話を偶然知りました。ある日、秀吉は手入れの行き届いた利休の屋敷の庭で朝顔が見事に咲き誇っているという噂を聞きつけ、利休の屋敷を訪れますが、朝顔の花はすべて刈り取られ、葉と弦が残るだけ。秀吉は内心不服に思いながら茶室の中へ入ると、床の間には露が打たれた見事な「一輪の朝顔」が活けてありました。秀吉はその一輪を「我を圧倒する大きな花」と驚嘆したといいます。利休は秀吉が激怒するかもしれないことを覚悟し、命を懸けて朝顔を一輪残したのです。

このエピソードを知り、花で感動を与える「おもてなし」が仕事として理想的だと腑に落ちました。それまでの私はお客様から印象に残るインパクトのあるデザインにしてほしいとリクエストされた場合、単純に花の分量を多くする考えを持っていましたが、「量」ではなく「質」で記憶に残る花を活けることへの可能性を感じたのです。

趣味で花を飾る場合、自分自身が幸福になることが理想的です。しかし、仕事の花活けは厄介です。お客様をはじめ、その花に関係するすべての方のことを考えて作らなければ成功したとはいえません。そんなことに気を配っていると、失敗するのが怖くて無難な花のデザインにまとまり身動きが取れなくなります。そんな時に、このエピソードを思い出し自問自答します。「利休だったらどう花を活ける？」。そう考えることで、凡庸な私にも素敵な花が活けられるような気がします。生涯「侘び」を追求し、常識にとらわれず美しいものに対する哲学をもった利休。心の中の師に感謝します。

# 花と香り

こんな経験はありませんか？　前方の男性からツンと来る防虫剤の香りにそっくりな臭いがして満員電車の中で頭がクラクラしたり、乗っていたエレベーターにマダムが入ってきた瞬間濃厚な香りで満たされ窒息しそうになったり。どちらも当の本人は感じていないことですが、周りの人にとっては迷惑な香りです。

一般的に香りを表す言葉には「匂い」と「臭い」があり、前者は人にとって心地良い香りの、後者は不快な香りのイメージがあるように思います。花の香りは一般的にバラやジャスミンなど心地良い香りが大半を占めるので、「匂い」に分類されることが多いと思います。私が花を贈る時、花束を手に取った女性の八割くらいの方は花束の香りを嗅いでくれます。男性より香りの意識と興味があると感じる瞬間です。

花の香りはさりげなく季節を知らせてくれる存在です。ジンチョウゲとキンモクセイの香りが通勤の時に漂ってくると「春と秋の訪れ」を感じさせてくれます。花は慌ただしく過ぎ去っていく毎日に思いがけない香りのプレゼントを届けてくれます。

どちらかというと香りに対して意識が低い私は、花の香りではなく草の香りの思い出があります。電子ゲーム機器がない時代に幼少期を過ごした私の遊びといえば、空き地や里山で自然と戯れることでした。空き地にはセイタカアワダチソウ、ヨモギ、オナモミ、ヒメジオン、タンポポ、カラスノエンドウ、葛などの草花がたくましく蔽い茂っていました。ただ、これらの草花は生命力が旺盛なので、野放しにすると「小さなジャングル」に様を変え、とんでもないことになってしまいます。

頃合いを見計らって空き地の管理人が除草をした時、青臭い草の香りが私の脳髄へ沁み込んできました。切り刻まれた草花が「こんなことで死に絶えないぞ」と叫んでいるかのように記憶に残っています。この香りは大多数の人にとっては「臭い」なのかもしれませんが、私にとってはバラの香りよりも大切な「匂い」です。

現在六十歳の私がヨモギの葉の香りを嗅いだ瞬間に、七歳の頃にタイムスリップできるように、幼い頃に嗅いだ植物や花の持つ香りは、生涯心に残ります。これから生まれてくる子供たちのためにも、環境を守り自然が持つ香りを大切にしたいと思います。

# 苦い思い出

忘れられない思い出があります。私がラグジュアリーホテル内にあるフラワースタジオの店長だった頃のことです。

そのホテルでは一年間に千件近い披露宴がおこなわれ、大きな披露宴から親族だけのアットホームな会食規模のご婚礼まで幅広い装飾を担当させていただいていました。

結婚式の花は「ハレ」の花で生涯一度きりです。責任も重大でしたが、お客様が花に対して支払うご予算も桁違いに多く、やりがいがありました。私は現場で花を活け、市場で花の仕入れをし、さらにデベロッパーとの業務交渉など一通りのことをしていました。そして、スタッフの採用も任されていたのです。

花屋で働きたい人は大まかに二つのタイプに分かれます。まず一つ目は「接客」が好きでお客様に喜んでほしいタイプ。二つ目は、接客は苦手だけどひたすら花束やアレンジメントを制作したい裏方職人タイプ。ホテルの敷地内にあるフラワースタジオで働きたい人には、後者のタイプが多い傾向です。どちらのタイプにしても、花の仕事に就きたいという願いは同じです。

一部上場企業で働き収入も満たされていたとしても、大好きな花の仕事がしたい、花の仕事で将来自立したいという転職希望の方を何人も面接したことがありました。その中でも、ずば抜けて印象が良く、社員登用でもいいのではと思うほどの女性を採用した時のこと。当時は本当に忙しく、彼女は面接の三日後から働き始めたと記憶しています。

結婚式の花装飾を簡単に説明すると、例えば日曜日の披露宴に向けたとしたら、水曜日くらいから花を仕入れ、木曜日から活け始め、金曜日にほぼ完成させ、土曜日・日曜日に納品、そして、日曜日の夕方から夜にかけて後片づけをする、という流れ作業のような慌ただしい一週間の繰り返しです。毎週日曜日の夜は、最終の披露宴後に下がってきた花の中で傷がついたものや満開を通り越し咲き切った花をゴミ袋に廃棄して片づける時間でした。

そんな慌ただしい日曜日の夜に、採用したばかりの彼女の異変に気がつきました。いつものように婚礼で使った花を処分するため、私は無表情で「下がってきた花は全部捨てる。花器は洗って乾かして！」などとテキパキと指示を出し、片づけ作業が一段落した後、彼女の明るい表情が少し曇ったように感じたのです。慣れない仕事で疲れたのだろうとその時はあまり気にせず、引き続き花の廃棄と片づけに集中してその日を終えました。

翌日、彼女から話したいことがあるといわれました。おそらく、前職の収入から大幅に下がるお給料の相談かと思って話を聞くと、全く違っていました。虚ろな表情をした彼女に、「商品価値がなくなった花とはいえ、あんなにも無造作に廃棄することを仕事として続けていく自信がない」といわれたのです。

一瞬言葉に詰まってしまった私は、「残念だけど仕方ないよね」と作り笑いで応え、落ち込んだ表情を隠したように思います。花を扱って経営するということは綺麗事だけでは成立しません。しかし、失ってはいけない大切なことを彼女に教えられたような気がしました。

その直後から、花を捨てる時の罪悪感を少しでもなくすため、花に対して「ごめんなさい」と心の中で呟くようにしました。そんなことで事実は変わらないけど、少しでも罪を償っているという自己暗示をかけていたように思います。月日は流れて心境が変わり、花を捨てる時には「ありがとう」と前向きな感謝の言葉を呟くようにしました。結局捨てることには変わりはないのですが、そのほうが肯定的ではないかと思ったのです。

物事が長続きしない私がここまで辞めずにこられたのは、花の仕事が魅力的だったからです。今でも時々あの出来事を思い出します。彼女が花を嫌いにならず、何か花に関わる仕事をしていたらいいな、と思いを馳せています。

# フラワーデザインコンテストの思い出

花の仕事を四十年も続けてこられたのは、フラワーデザインコンテストがあったからだと思います。この仕事は華やかなイメージとは違い、地味な作業の積み重ねです。日本の花屋で働き始めてマンネリを感じたのは五年くらい経った頃。当時は店長という立場だったので、好きなデザインを創作することよりも、日々のルーティーンの作業で時間が過ぎていきました。悶々としていた中でコンテストの存在を知り興味が湧いた私は、軽い気持ちでエントリーしてみました。コンテストは「商品性」よりも「芸術性」が重視される場合が多いので、自由に花を使って自分自身を表現できるのです。

最初に参加したコンテストはフォトコンテストでした。テーマに沿ってデザインしたアレンジメントの写真を審査するコンテストです。信じられないことにビギナーズラックで最優秀賞に選出され、根拠のない自信を持ってしまったのもこの頃です。最初は興味本位だった私ですが、写真ではなくアレンジメントの「現物」をみて審査してほしいと思うようになっていました。

私がコンテストに参加する時、デザインで意識していることが三つあります。一つ目は外観がシンプルでわかりやすいこと。審査員は限られた時間内に多くの作品を審査しなければいけないので、単純な形を意識しています。二つ目は段階的な感動。まずは離れた場所から驚きを与え、作品に近づいて覗き込んでもらった時にさらに驚いていただけるよう心がけています。三つ目は媚びないこと。コンテストの入選が全てではないので、大切なのは自分の考えを曲げないことです。そうはいっても入賞することは目的ではあるので、いかにコンテストの傾向と自分自身のデザインに折り合いをつけるかが重要になってきます。

その後、さまざまな規模のコンテストで幸いにも多数入賞した私は、柄にもなく「コンテストで日本一になりたい」と夢見るようになりました。やがてチャンスは訪れます。二〇〇八年大阪で開催されたジャパンカップです。某団体に加盟している全国の花屋から予選を勝ち抜いた百点に近い持ち込み作品が集まり、二日間にわたり一次審査と決勝競技で競い、優勝者には内閣総理大臣賞が授与されるのです。私は幸運にも持ち込み審査と一次審査を通過して初日を終えました。一次審査を勝ち抜いた十名で戦う二日目の決勝競技の会場となった大阪国際会議場ホールには五百名以上の観客が入り、その前で制限時間六十分以内にディスプレイを完成させます。使用される花材は競技が始まるまで競技者には知らされないサプライズ形式でおこなわれます。普段多くの観客の前で花を活けることがない私の心拍数はレッドゾーンを振り切り、スポットライトが眩しいと思った瞬間に競技の幕が上がりました。すると、自分でも信じられないことが起こりました。まるで「花の神様」が私に乗り移って別人になったように、勝手に体が動いて装飾を完成させたのです。六十分が五分に感じるくらいの不思議な感覚でした。

競技が終わり、ステージ上では十位から順位が読み上げられました。三位、二位と読み上げられた時も私の名前はなく、「え！　まさか？」と思いましたが、そのまさか。そう、私は優勝したのです！　日本一を勝ち取るという夢が叶った瞬間でした。多くの先人たちがステージ上で華やかに花を活ける姿に憧れるようになり、いつか自分もあの舞台に立ち勝負して優勝したい。そんなことを漠然と思い続けた結果、それが現実になったのです。

時は流れて、十年と少しが経ちました。今でも優勝できたのは幸運に恵まれたからだと感謝しています。日本一になったことで人生が激変することはありませんでしたが、コンテストに参加したおかげで作品を制作すること、構想を練ることも日常にアクセントを与えてくれました。また、他の参加者の個性的な作品は刺激になり、仕事のモチベーションアップにもつながりました。そして、何よりの宝物は多くの花を愛する同志と知り合い、花の世界が広がったことです。最初は気分転換程度に考えていたコンテストへの参加でしたが、蓋を開けてみるとそこには代えがたいものがいっぱい詰まっていました。何事もやってみないとわからない気持ちは今でも変わりません。

# 花活けの音

私は映画が大好きで、噛めば噛むほど味が出るような、ヨーロッパ、アジア系の映画をよく観ます。アメリカ人監督ではウディ・アレンの映画が好みです。彼はニューヨークを舞台にした映画を多く制作していますが、その一本に『ジゴロ・イン・ニューヨーク』という映画があります。その物語の中で、個人的に気になるシーンがあります。それは花屋である主人公が映画の中でハサミを使う場面。映画の内容にとってはどうでもいいことですが、私の耳には心地の良いBGMのようでした。「チョキ、チョキ、チョキ」と小気味よく切れのある音を奏でながら働く姿。映画の内容はそっちのけでしみじみと聞き入ってしまいました。

「花を切る道具としてハサミも良いな」と考え直した瞬間でした。というのも私は花を切る時、よほどの太い枝以外はカッターナイフを使います。花屋が使うナイフといえば一般的にスイス製のものが多いのですが、私が使っているのは文具店で買える刃渡り十センチメートルほどの普通のカッターナイフです。

なぜカッターナイフを使うのか、私なりの理由があります。一つはメンテナンスが楽なことです。見た目はプロ仕様にデザインされたフローリストナイフがかっこいいのですが、一日に何百本、いや、何千本の花を切る職業柄、すぐに切れ味が落ちてしまいます。カッターナイフだと切れ味が悪くなっても替え刃を交換すれば切れ味は元通りです。もう一つはコストパフォーマンスが良いことです。私はすぐに物をなくしてしまいますので、安価なカッターナイフであれば精神的なダメージは軽減されます。もちろん、どんなカッターナイフでも良いかというとそうではなく、手に持った時の感触や微妙な凹凸加減、水に濡れた手で握っても滑らないなどのこだわりはありますが、高価なものではありません。

よく手入れされている刃物を使うことが、花の導管を潰さずに切れるので水揚げが良くなり、花の命を少しでも長持ちさせる最良の手段だと信じています。こんな無精者の私でも、いつか時間に追われることなく枝ぶりを吟味思案して自分自身の楽しみのために花を挿す時が来たら、私なりの極上の花鋏《はなばさみ》で、映画の主人公の如く耳に心地良い音を奏でながら花を活けたいと夢見ています。

# 花と流行

人生の半分以上この仕事をしていると、花の流行り廃りを感じることがあります。最初に意識したのはカスミソウでした。一九八〇年代後半はバブル景気で高単価の花がよく売れ、毎週末には一本千円の赤いバラ十本と一本千五百円のカスミソウを組み合わせた花束を多く作ったものです。その当時、まだ日本の男性が花屋に行くこと自体が珍しく、普段花を買い慣れていない彼らは判で押したように「赤いバラとカスミソウ」の花束を買ってくださったように思います。いつ頃からかあまり市場で見かけなくなっていましたが、最近需要が復活したように思います。独特な香りは薬品のおかげで改善されたようで、ドライフラワーブームにも乗ってリバイバルで人気が出てきました。

その次の花の流行は真っ白なカラーです。スタイリッシュな花なのでシンプルに単独でデザインすると凛々しい姿を見せてくれます。この花はおしゃれな男子から女子への贈り物として一世を風靡しました。当時のトレンディードラマで、主人公の男性が女性へ送る花束にカラーだけをシンプルに束ねた花束が使われたことが要因ではないかと思います。

結婚式で使う花にも流行があります。結婚式の花は明治時代から菊が中心でしたが、戦後に生活が豊かになるとバラ、カーネーション、蘭、鉄砲百合など周年入荷できる花でデザインされるようになりました。そして、一九八〇年代の終わり頃から四季をイメージした花が多く使われるようになり、季節限定の花を使ったデザインが流行します。夏の披露宴ではヒマワリが人気になり、二〇〇〇年代では桜を使った披露宴も人気になりました。また、季節に関係なく大ぶりの花が流行りました。その先駆けはカサブランカなど大輪で華やかなオリエンタルリリー。そして、最近では品種改良が進んだダリアも人気です。この二つは大ぶりで存在感があるので、大きな空間を装飾するのにぴったりの花です。もうひとつ忘れてはいけない花はアジサイ。花が大きく、水をしっかり上げれば花もちがよいので、婚礼装飾に重宝されるようになりました。初夏の花ですが、世界各地から輸入されて一年中入手できるようになったのも、婚礼で多く使われる花になった要因の一つです。

最近では、インクを吸わせて自然界ではあり得ない花色を出した素材がSNSなどで取り上げられて人気が出ています。このSNSの影響で、世界のフラワーデザインのトレンドが瞬時にわかるようになりました。そのことでお客様から様々なデザインリクエストが増えるようになり、それまでは思いもつかなかった発想が簡単に得られるようになったと感じます。

# 花が産地から市場を経て花屋に届くまで

何気ない日常で私たちが花を自宅に飾り、贈り物として誰かに届けることができるのは、生産者の方々が丹精込めて花を栽培しているからです。育てられた花は農家から直接花屋に届くわけではなく、色々な経路を通って花屋の店頭に並びます。簡単ではありますが、花の流通についてご説明します。

まず、花を栽培するためには種が必要です。生産者にとって市場で人気の花をより早く栽培することは収益に大きく影響するので、どんな花が世の中でトレンドなのか常にチェックし入手しています。花の流行はヨーロッパから来ることが多かったのですが、最近ではSNSなどの発達でトレンドが世界で同時進行するようになりました。生産者が選んだ種で育ち収穫された花は、さまざまなルートを通って卸売市場へ出荷されます。生産地の組合で決められた規格に合わせて花を振り分け組合がまとめて出荷するケース、生産者がそれぞれのサイズ規格で直接卸売市場へ送るケースなどです。また、最近では生産者が直接近辺の販売所へ出荷する方法や、インターネットで直接受注してお客様へ届ける方法も増えてきました。海外からの花も輸入業者が

バラが「咲く」と「開く」のは違う。熱く語ってくれた宮本泰明さん（左）。

選別して卸売市場へ出荷したり直接花屋へ卸したりしています。

生産地から卸売市場へ出荷された花は「セリ」にかかります。通常生花のセリは月・水・金が「表日」といって産地から多くの花が集まる日で、木・土は市場は営業していますが、花の量は少なく「裏日」といわれています。市場で仕入れる花は、前日に刈り取られてダンボールに箱詰めされた状態なので、車で店まで運んだらすぐに水揚げされます。水が上がるまで時間がかかるので、三、四時間くらいは紙に包まれた状態でバックヤードに保管された後店頭に並びます。常識で考えると入荷してすぐの花が新鮮で長持ちしそうですが、水が上がっていない花は萎れやすいので注意しましょう。

花はまだまだ生産地や生産者の名前で購入することが少ないように感じます。私は生産者の農場を訪れて花作りに対するこだわりを聞くのが大好きです。同じ品種のバラを作っていても、それをどの状態で出荷させるかどうかは生産者の基準で変わります。例えば、満開に近い状態まで開花させて切ったバラは花びらに傷がつくので蕾の状態で出荷するより本数を減らす必要があり物流のコストは上がりますが、花本来の色の鮮やかさと大きさは蕾で出荷されるものよりもきれいです。このような産地のこだわりは花屋が積極的にお客様へ告知して認知していただく手間を惜しんでいるように感じます。近い将来は「○○産の○○さんが作った花だから品質が保証できる」と花屋が自信をもって勧められるこだわりの花がもっと増えればと願っています。

# おわりに

すべてを書き終えた今、「花と出会えて良かった」としみじみ感じています。もちろん「書き切った」という安堵や喜びと「これで良かったのか？」という気持ちもありますが、私が花によって豊かな時間を持てたように、多くの方へ同じ経験をしてほしいと願っていることは真実です。

私がフラワーデザイナーという職業で長年にわたり経験したことに基づいて得た知識、技術、些細なこだわりなどを本書でお伝えしてきましたが、もしその中でもたった一つだけしかお伝えできないとしたら、「神のような存在が創造した完璧な花を、その魅力に甘えて無作為に活けるのではなく、尊厳をもって楽しく活けてほしい」ということに尽きます。日本には生け花という世界に誇る文化がありますが、料理の世界で日本食とフランス料理がお互い刺激し合うことと同様に、素材が持つそれぞれの良さを最大限に引き出す生け花の要素を、西洋がルーツのフラワーデザインにより深く取り入れることができればと思い続けています。

私自身、プライベートの時間で花に真摯に向き合って無心で花を活けた時は心が浄化されたような清々しい気持ちになります。これこそ、「花の気」による効果だと思っています。活け終わって完成した花は愛おしく、それと同様かそれ以上に花を活ける行為自体の過程が、花と会話しているような楽しい時間になるのです。そんな私の気持ちとは裏腹に、花には「私たちはあなた方のためにこの世に存在しているのではなく、私たちの命を紡ぐために必死に咲いているのよ」と冷めた顔であっさりいわれそうです。しかし、私は花がどう思おうと、これから先も花に対して永遠の片思いであり続けると思います。

花の魅力を少しでも多くの方に知ってほしい。その思いを込めて書籍という形でまとめさせていただいたことが奇跡のようであり、今でも夢の中にいるように感じています。この本の執筆中、コロナ禍の影響で世界は激変しました。全く予測のつかない世の中です。そんな時こそ花を活けることで幸せを感じてほしい。「花を美しいと感じる平和な世界が永遠に続くこと」。それが私の願いです。

最後になりましたが、花の仕事の素晴らしさを教えてくれたサンパウロのパンプローナフローレスの皆様、花に関わるすべてを学ばせていただいた第一園芸株式会社の皆様、素敵な機会と拙い文章を校正していただいた編集者の益田光さん、クールで本質を突くデザインに仕上げていただいたデザイナーの吉村雄大さん、鈴木光枝さん、しっとりと花を優しく艶やかに撮影していただいたフォトグラファーの鈴木静華さん、また、画像使用を快諾していただいた中島清一さん、岡本譲二さん、キビキビとスタイリングしてくれた谷中直子さん、スケジュールなどを管理してくれた水野綾乃さん、私の愛おしい家族、神戸の弟家族、天国の祖母、父、母に心から感謝いたします。

令和三年四月七日　新井光史

# 第一園芸　店舗一覧

帝国ホテルプラザ店
伊勢丹新宿店
三越日本橋店
三越銀座店
田園調布店
ゲートシティ大崎店
東京倶楽部ビル店
ヨコハマグランドインターコンチネンタルホテル店
横浜ベイシェラトンホテル&タワーズ店
ホテル日航金沢店
ANAクラウンプラザホテル金沢店
ホテル日航姫路店
仙台トラストシティ店
BIANCA BARNET BY OASEEDS 東京ミッドタウン日比谷店
BIANCA BARNET 横浜ベイクォーター店
Hervé Chatelain Bunkamura Shop
Hervé Chatelain GRAND NIKKO TOKYO BAY MAIHAMA Shop
(2021年4月現在)

# 参考文献


『英語で「いけばな」』
川瀬敏郎
講談社インターナショナル株式会社

『今様花伝書』
川瀬敏郎
新潮社

『水揚げ&花のケア』
薄木健友
誠文堂新光社

『花の造形理論　基礎レッスン』
橋口学
誠文堂新光社

『花と人間のかかわり』
田中宏
社団法人農山漁村文化協会

『時代にあったフラワーデザイン
—フラワーデザインを学ぶために—』
ペーター・アスマン
六耀社

『ヨーロピアンフラワーデザイン(上・下巻)』
久保数政&ガブリエレ・ワーグナー＝久保
草士出版

『「花」が語る日本史』
森谷尅久
河出書房新社

『茶の本』
岡倉天心著・桶谷秀昭訳
講談社

新井光史　Koji Arai

1960年 神戸生まれ。花の生産者としてブラジルへ移住。その後、サンパウロの花屋で働いた経験から、花で表現することの喜びに目覚める。フローリスト日本一を決めるジャパンカップで内閣総理大臣賞を受賞した第一園芸のトップデザイナー。また近年では、ウェディングやパーティ装飾、オーダーメイドアレンジメントの依頼のほか、さまざまなイベントに招致される機会も多く、国内外におけるデモンストレーションやワークショップなど、日本を代表するフラワーデザイナーの一人として、幅広く活動している。著書に『The Eternal Flower』(Stichting Kunstboek)、『花の辞典』(雷鳥社)などがある。

花の本

著　新井光史
監修　第一園芸株式会社

2021年5月21日　初版第1刷発行

発行者　安在美佐緒
発行所　雷鳥社
〒167-0043
東京都杉並区上荻2-4-12
TEL　03-5303-9766
FAX　03-5303-9567
HP　http://www.raichosha.co.jp
E-mail　info@raichosha.co.jp
郵便振替　00110-9-97086

[写真] 鈴木静華
[写真提供]
中島清一(103、105、107、110-113、117、119、121、125、127頁)
岡本譲二(101頁)
[デザイン] 吉村雄大／鈴木光枝
[協力] 谷中直子／水野綾乃／小林美和子
[編集] 益田光
[印刷・製本] シナノ印刷株式会社



ISBN 978-4-8441-3775-7 C0077